러시아어 토르플 공식 문제집

1단계 ①

러시아어 토르플 공식 문제집
1단계 ①

초판 1쇄 2012년 03월 30일
초판 6쇄 2022년 12월 30일

지은이 Н. П. Андрюшина, Г. А. Битехтина, Т. Е. Владимирова, Л. П. Клобукова(отв. редактор),
Л. В. Красильникова, М. М. Нахабина, В. А. Степаненко(отв. редактор)
해설 뿌쉬긴하우스 편집부

펴낸이 김선명
펴낸곳 뿌쉬긴하우스
책임편집 이은희
편집 김영실

주소 서울시 중구 퇴계로20나길 10, 신화빌딩 2층
전화 02) 2237-9387
팩스 02) 2238-9388
홈페이지 www.pushkinhouse.co.kr

출판등록 2004년 3월 1일 제2004-0004호
ISBN 978-89-92272-29-2 13790

© ЗАО «Златоуст», 2006
Настоящее издание осуществлено по лицензии, полученной от ЗАО «Златоуст»
© Pushkin House, 2012

이 책의 한국어판 저작권은 «Златоуст» 출판사와 독점 계약한 뿌쉬긴하우스에 있습니다.
저작권법에 의해 한국 내에서 보호를 받는 저작물이므로 무단 전재와 무단 복제를 금합니다.

※ 스마트폰을 통해 QR코드를 스캔하면 듣기영역 MP3 파일을 바로 청취할 수 있습니다.

목차

토르플 길라잡이 _6

1부 테스트

Субтест 1. ЛЕКСИКА. ГРАММАТИКА 어휘, 문법 영역 _11

Субтест 2. ЧТЕНИЕ 읽기 영역 _26

Субтест 3. АУДИРОВАНИЕ 듣기 영역 _33

Субтест 4. ПИСЬМО 쓰기 영역 _40

Субтест 5. ГОВОРЕНИЕ 말하기 영역 _42

2부 정답 및 문제해설

정답 _47

Субтест 1. ЛЕКСИКА. ГРАММАТИКА 어휘, 문법 영역 _55

Субтест 2. ЧТЕНИЕ 읽기 영역 _90

Субтест 3. АУДИРОВАНИЕ 듣기 영역 _98

Субтест 4. ПИСЬМО 쓰기 영역 _111

Субтест 5. ГОВОРЕНИЕ 말하기 영역 _116

첨부: 답안지 МАТРИЦА _125

토르플 길라잡이

1. 토르플 시험이란?

토르플(TORFL)은 'Test of Russian as a Foreign Language'의 약자로 러시아 교육부 산하기관인 '러시아어 토르플 센터'에서 주관하는 외국인 대상 러시아어 능력 시험이다. 기초 단계에서 4단계까지 총 여섯 단계로 나뉘어 있으며 시험 과목은 어휘·문법, 읽기, 듣기, 쓰기, 말하기의 다섯 영역으로 구성되어 있다. 현재 토르플은 러시아 내 대학교의 입학 시험, 국내 기업체, 연구소, 언론사 등에서 신입사원 채용 시험 및 직원들의 러시아어 실력 평가를 위한 방법으로 채택되고 있다.

2. 토르플 시험 단계

토르플 시험은 기초단계, 기본단계, 1단계, 2단계, 3단계, 4단계로 나뉘어 있다.

- 기초단계 (элементарный уровень)
  일상 생활에서 필요한 최소한의 러시아어 구사가 가능한 가장 기초적인 단계이다.

- 기본단계 (базовый уровень)
  일상 생활에서 필요한 기본적인 의사 소통이 가능한 단계이다.

- 1단계 (I сертификационный уровень)
  일상 생활에서의 자유로운 의사 소통뿐만 아니라, 사회, 문화, 역사 등의 분야에서 러시아인과 대화가 가능한 공인단계이다. 러시아 대학에 입학하기 위해서는 1단계 인증서가 필요하며, 국내에서는 러시아어문계열 대학졸업시험이나 기업체의 채용 및 사원 평가 기준으로도 채택되고 있다.

- 2단계 (II сертификационный уровень)
  원어민과의 자유로운 대화뿐만 아니라, 문화, 예술, 자연과학, 공학 등 전문 분야에서도 충분히 의사소통이 가능한 공인단계이다. 2단계 인증서는 러시아 대학의 비어문계 학사 학위 취득을 위한 요건이며 석사 입학을 위한 자격 요건이기도 하다. 1단계와 마찬가지로 국내에서는 러시아어문계열 대학졸업시험이나 기업체의 채용 및 사원 평가 기준으로도 채택되고 있다.

- 3단계 (III сертификационный уровень)
  사회 전 분야에 걸쳐 고급 수준의 의사소통 능력을 지니고 있어 러시아어로 전문적인 활동이 가능한 공인단계이다. 러시아 대학의 비어문계열 석사와 러시아어문학부 학사 학위를 취득하기 위해서 3단계 인증서가 필요하다.

- 4단계 (IV сертификационный уровень)
  원어민에 가까운 러시아어 구사 능력을 지니고 있는 가장 높은 공인단계로, 이 단계의 인증서를

획득하면 러시아어문계열의 모든 교육과 연구 활동이 가능하다. 4단계 인증서는 러시아어문학부 석사, 어문계열 박사, 러시아어 교육학 박사 등의 학위를 취득하기 위한 요건이다.

3. 토르플의 시험영역

토르플 시험은 어휘·문법, 읽기, 듣기, 쓰기, 말하기의 다섯 영역으로 구성되어 있다.

· 어휘·문법 영역 (ЛЕКСИКА. ГРАММАТИКА)
  객관식 필기 시험으로 어휘와 문법을 평가한다. (*사전 이용 불가)

· 읽기 영역 (ЧТЕНИЕ)
  객관식 필기 시험으로 주어진 본문과 문제를 통해 독해 능력을 평가한다. (*사전 이용 가능)

· 듣기 영역 (АУДИРОВАНИЕ)
  객관식 필기 시험으로 들려주는 본문과 문제를 통해 이해 능력을 평가한다. (*사전 이용 불가)

· 쓰기 영역 (ПИСЬМО)
  주관식 필기 시험으로 주제에 알맞은 작문 능력을 평가한다. (*사전 이용 가능)

· 말하기 영역 (ГОВОРЕНИЕ)
  주관식 구술 시험으로 주어진 상황에 적합한 말하기 능력을 평가한다.
  (*사전 이용이 가능한 문제도 있음)

4. 토르플 시험의 영역별 시간

구 분	기초 단계	기본 단계	1단계	2단계	3단계	4단계
어휘·문법 영역	50분	50분	60분	90분	90분	60분
읽기 영역	50분	50분	50분	60분	60분	60분
듣기 영역	30분	30분	35분	35분	35분	45분
쓰기 영역	40분	50분	60분	55분	75분	80분
말하기 영역	25분	40분	60분	45분	45분	50분

*토르플 시험의 영역별 시간은 시험 시행기관마다 조금씩 다를 수 있습니다.

5. 토르플 시험의 영역별 만점

구 분	기초 단계	기본 단계	1단계	2단계	3단계	4단계
어휘·문법 영역	100	110	165	150	100	141
읽기 영역	120	180	140	150	150	136
듣기 영역	100	180	120	150	150	150
쓰기 영역	80	80	80	65	100	95
말하기 영역	130	180	170	145	150	165
총 점수	530	730	675	660	650	687

6. 토르플 시험의 합격 점수

구분	기초 단계	기본 단계	1단계	2단계	3단계	4단계
어휘·문법 영역	75-100점 (66%이상)	82-110점 (66%이상)	109-165점 (66%이상)	99-150점 (66%이상)	66-100점 (66%이상)	93-141점 (66%이상)
읽기 영역	90-120점 (66%이상)	135-180점 (66%이상)	92-140점 (66%이상)	99-150점 (66%이상)	99-150점 (66%이상)	89-136점 (66%이상)
듣기 영역	75-100점 (66%이상)	135-180점 (66%이상)	79-120점 (66%이상)	99-150점 (66%이상)	99-150점 (66%이상)	99-150점 (66%이상)
쓰기 영역	60-80점 (66%이상)	60-80점 (66%이상)	53-80점 (66%이상)	43-65점 (66%이상)	66-100점 (66%이상)	63-95점 (66%이상)
말하기 영역	98-130점 (66%이상)	135-180점 (66%이상)	112-170점 (66%이상)	96-145점 (66%이상)	99-150점 (66%이상)	108-165점 (66%이상)

"본 교재에 수록된 본문의 한국어 해석은 학습 교재임을 감안하여 가급적 직역으로 수록하였습니다."

1부 테스트

Субтест 1. ЛЕКСИКА. ГРАММАТИКА

Инструкция к выполнению теста

- Время выполнения теста – 60 минут. Тест включает 165 позиций.
- При выполнении теста пользоваться словарём нельзя.
- Вы получили тест и матрицу. Напишите ваше имя и фамилию на каждом листе матрицы.
- В тесте слева даны предложения (1, 2 и т.д.), а справа – варианты выбора.
- Выберите правильный вариант и отметьте соответствующую букву в матрице.

Например:

| А | Б | В | Г |

(Б – правильный вариант).

Если Вы ошиблись и хотите исправить ошибку, сделайте так:

| А | Б | В | Г |

(В – ошибка, Б – правильный вариант).

Отмечайте правильный вариант ответа только в матрице, в тесте ничего не пишите. Проверяется только матрица.

ЧАСТЬ 1

Выберите правильный вариант.

1. Я _____ вас, молодой человек. Что у вас болит? **2.** Доктор, я плохо _____. **3.** Здесь шумно, я не _____, что ты говоришь! **4.** Утром я обязательно _____ радио.	(А) слушаю (Б) слышу

5. Л.Толстой писал, что все счастливые семьи _____ друг на друга. **6.** Возьми любой карандаш, они все _____ . **7.** Мы с Леной случайно купили _____ сумки. **8.** На фотографии братья очень _____ .	(А) одинаковые (Б) похожи
9. Моя сестра не учится в школе, она ещё _____ .	(А) младшая (Б) молодая (В) маленькая
10. Такого озера больше нигде нет, оно _____ в мире.	(А) редкое (Б) единственное (В) единое
11. Хлеб очень свежий, посмотри, какой он _____ .	(А) крепкий (Б) твёрдый (В) мягкий
12. Бабушка не пьёт очень _____ чай.	(А) крепкий (Б) сильный (В) твёрдый
13. Мы поднялись _____ .	(А) наверх (Б) вниз (В) вверху
14. Банк работает _____ 9 часов.	(А) во время (Б) от (В) с
15. Мы долго ходили _____ музею.	(А) по (Б) к (В) в
16. Отношение человека к природе – важная _____ .	(А) задача (Б) проблема (В) цель

17. Я очень люблю фрукты, особенно _____ .	(А) виноград (Б) помидоры (В) картофель
18. Я не умею _____ машину.	(А) ездить (Б) возить (В) водить
19. Концерт _____ 2 часа.	(А) начинался (Б) продолжался (В) кончался
20. После жаркого дня наконец _____ вечер.	(А) выступил (Б) поступил (В) наступил
21. Мы попросили Виктора Ивановича _____ новые слова.	(А) обсудить (Б) объяснить (В) рассказать
22. Мне нравятся часы, которые _____ на стене.	(А) лежат (Б) стоят (В) висят
23. Наташа _____ квартиру весь день.	(А) убирала (Б) собирала (В) собиралась
24. – Лена, ты пойдёшь в библиотеку? Нет, я люблю _____ дома.	(А) учиться (Б) изучать (В) заниматься
25. Имея компьютер, я могу _____ читать по-русски самостоятельно.	(А) научиться (Б) изучить (В) выучить

ЧАСТЬ 2

Выберите правильную форму.

26. Наша кошка всегда спит под _____ .	(А) кресло (Б) креслом (В) кресле
27. Мы проехали мимо _____ .	(А) остановку (Б) остановки (В) остановке
28. Сейчас в магазине перерыв до _____ .	(А) трёх часов (Б) трём часам (В) три часа
29. Антон не заметил _____ и прошёл мимо.	(А) нами (Б) нам (В) нас
30. У меня болит рука, завтра пойду _____ .	(А) к хирургу (Б) с хирургом (В) у хирурга
31. Я раньше никогда не встречал _____ . **32.** Виктор рассказывал _____ .	(А) этот человек (Б) с этим человеком (В) об этом человеке (Г) этого человека
33. Сегодня по телевизору идёт _____ _____ . **34.** Мой друг ведёт _____ .	(А) интересная передача (Б) интересную передачу (В) интересной передачей (Г) интересной передачи
35. Автор прочитал артистам _____ . **36.** Молодые артисты будут участвовать _____ _____ .	(А) новая комедия (Б) новую комедию (В) с новой комедией (Г) в новой комедии

37. Мы поедем на экскурсию _____ . 38. Проездные билеты можно получить _____ .	(А) у нашего преподавателя (Б) нашему преподавателю (В) наш преподаватель (Г) с нашим преподавателем
39. Я показала _____ новые фотографии. 40. Мама научила _____ хорошо готовить.	(А) со старшей дочерью (Б) старшей дочери (В) старшая дочь (Г) старшую дочь
41. Архангельск стоит на берегу _____ . 42. Путешественники плыли по _____ 2 дня.	(А) Белым морем (Б) Белого моря (В) Белому морю (Г) Белом море
43. Я знаю, что _____ очень много лет. 44. Давайте встретимся _____ .	(А) Русскому музею (Б) в Русский музей (В) в Русском музее (Г) Русского музея
45. Давно здесь открылась _____ ? 46. Я купил билеты _____ .	(А) о книжной выставке (Б) книжной выставки (В) книжная выставка (Г) на книжную выставку
47. Марина познакомилась _____ в гостях. 48. Потом она узнала и родителей _____ .	(А) с будущим мужем (Б) будущего мужа (В) будущему мужу (Г) будущий муж
49. На соревнованиях победил _____ . 50. Новый стадион понравился _____ .	(А) испанский спортсмен (Б) у испанского спортсмена (В) испанским спортсменом (Г) испанскому спортсмену

51. Я получила визу _____ . 52. _____ находится в центре Москвы.	(А) английское посольство (Б) у английского посольства (В) английскому посольству (Г) в английском посольстве
53. Мы слушали новости _____ . 54. Работа водителя автобуса требует _____ .	(А) большое внимание (Б) большого внимания (В) с большим вниманием (Г) о большом внимании
55. Я обещала _____ позвонить вечером. 56. Сегодня мне надо поговорить _____ .	(А) моя подруга (Б) мою подругу (В) моей подруге (Г) с моей подругой
57. Виктор давно интересуется _____ .	(А) Древняя Греция (Б) Древнюю Грецию (В) Древней Грецией
58. Юра очень талантливый, он станет _____ .	(А) известным учёным (Б) известный учёный (В) известному учёному
59. Дай, пожалуйста, бутылку _____ .	(А) красное вино (Б) красного вина (В) красному вину
60. Антон каждый вечер водит _____ гулять.	(А) с младшим братом (Б) младшему брату (В) младшего брата

61. Антон отлично выполнил _____ .	(А) о трудном задании (Б) трудным заданием (В) трудное задание
62. Я пойду в спортзал _____ .	(А) воскресенье (Б) в воскресенье (В) к воскресенью
63. Наташа попросила у подруги книгу _____ .	(А) 2 дня (Б) на 2 дня (В) за 2 дня
64. Дети поедут на экскурсию _____ .	(А) июнь (Б) с июня (В) в июне
65. Борис начал работать 30 марта _____ .	(А) 1995-го года (Б) в 1995-м году (В) 1995-й год
66. Мы поедем путешествовать _____ .	(А) к будущей неделе (Б) будущая неделя (В) на будущей неделе
67. Я не знаю, сколько _____ в этом словаре.	(А) слов (Б) слово (В) слова
68. Выставка будет открыта 25 _____ .	(А) день (Б) дня (В) дней
69. Почему на столе только три _____ ?	(А) тарелка (Б) тарелки (В) тарелок

70. Получать письма от детей _____ всегда приятно.	(А) родители (Б) родителей (В) родителям
71. Нельзя бить _____ .	(А) животные (Б) животных (В) животным
72. Марина приедет вместе _____ .	(А) с детьми (Б) к детям (В) детей
73. Для работы мне нужны _____ .	(А) большие словари (Б) больших словарей (В) большим словарям
74. Хорошо, что ты уже послал _____ .	(А) новогодние поздравления (Б) новогодних поздравлений (В) новогодним поздравлениям
75. В праздники _____ выступают артисты.	(А) московские площади (Б) на московские площади (В) на московских площадях
76. Вадим уже давно изучает _____ .	(А) народные традиции (Б) народным традициям (В) народных традиций
77. Я ищу нужную информацию _____ .	(А) рекламные объявления (Б) из рекламных объявлений (В) в рекламных объявлениях

ЧАСТЬ 3

Выберите правильную форму.

78. Конкурс имени Чайковского _____ недавно.	(А) начинается (Б) начался (В) начнётся
79. Я часто _____ соседям новые журналы.	(А) дам (Б) даю (В) дал
80. Брат попросил Артёма _____ вечером.	(А) позвонить (Б) позвонил (В) позвонит
81. Банк уже закрыт, я не успел _____ деньги.	(А) поменять (Б) поменяю (В) поменял
82. Кто-то позвонил, и Дима _____ дверь.	(А) откроет (Б) открыл (В) открывал
83. Я привыкла рано _____ .	(А) встаю (Б) вставала (В) вставать
84. – Вы разрешите _____ Марине цветы?	(А) оставить (Б) оставите (В) оставлю
85. Вчера Виктор _____ , что скоро женится.	(А) объявляет (Б) объявит (В) объявил
86. Андрей несколько дней думал о книге, _____ недавно.	(А) прочитанной (Б) прочитанную (В) прочитавший

87. Команда, _____ игру с канадцами, стала чемпионом.	(А) выигранная (Б) выигрывающая (В) выигравшая
88. Я _____ телефон фирмы и позвонил туда. **89.** Виктор шёл по улице и не _____ родного города. **90.** По вечерам отец обязательно _____ о школьных делах детей. **91.** Он так и не _____, почему все засмеялись.	(А) узнавал (Б) узнал
92. А где отец _____ раньше? **93.** Отец всегда много работал и почти никогда не _____. **94.** После работы Олег _____ и начал заниматься. **95.** Я провёл неделю на море и хорошо _____.	(А) отдыхал (Б) отдохнул
96. Конечно, ты так и не _____ в магазин! **97.** Навстречу нам _____ девушка с цветами. **98.** Разговаривая по мобильному телефону, женщина _____ к машине. **99.** В детстве Люба часто _____ в цирк.	(А) шла (Б) ходила
100. Сегодня Антон _____ раньше всех. **101.** В трудный момент _____ друг и всегда помогал мне. **102.** Обычно папа _____ с работы поздно. **103.** Вчера я опоздал и _____ в театр после начала спектакля.	(А) пришёл (Б) приходил
104. Вам надо было _____ прямо! **105.** Почему Вы решили _____ завтра во Владимир? **106.** Разве ты любишь _____ на машине? Я не знал. **107.** Не понимаю, зачем так часто _____ на экскурсии.	(А) ехать (Б) ездить

108. Николай Петрович только вчера _____ из Парижа. **109.** Он ещё никогда не _____ в Москву зимой. **110.** Он _____ в Москву и сразу поехал в университет. **111.** Николай Петрович не опоздал, так как самолёт _____ точно по расписанию.	(А) прилетал (Б) прилетел
112. Завтра _____ , пожалуйста, свою фотографию. **113.** _____ , пожалуйста, ещё один салат! **114.** Никогда не _____ свои книги в читальный зал. **115.** По утрам _____ свежие газеты директору.	(А) приносите (Б) принесите
116. Как быстро _____ по небу облака! **117.** Наташа сказала, что её дети хорошо _____ . **118.** Наши друзья любят путешествовать и часто _____ на кораблях. **119.** В этом году они _____ на Север.	(А) плывут (Б) плавают
120. Сегодня я свободен, _____ в парк!	(А) пойдём (Б) придём (В) перейдём
121. _____ завтра к нам в гости. Мы будем рады.	(А) входите (Б) приходите (В) проходите
122. Виктор в командировке и ещё не _____ .	(А) прилетит (Б) прилетал (В) прилетел
123. – Когда ты вернёшься из Парижа? – Через неделю _____ .	(А) поеду (Б) доеду (В) приеду

124. Театр был недалеко, Вася _____ до него за 10 минут.	(А) дошёл (Б) вышел (В) ушёл
125. На какой вокзал _____ ваш коллега?	(А) доезжает (Б) заезжает (В) приезжает
126. Девочка испугалась и _____ .	(А) добежала (Б) убежала (В) прибежала
127. Следующая остановка «Площадь Гагарина». Вы _____ ?	(А) уходите (Б) выходите (В) подходите
128. Я должен _____ дочери из Греции сувенир.	(А) привезти (Б) отвезти (В) перевезти

ЧАСТЬ 4

Выберите правильный вариант.

129. Ты видишь девушку, которой _____ ? **130.** Ты видишь девушку, которую _____ ?	(А) стоит у киоска (Б) мы вчера говорили (В) подарили цветы (Г) фотографируют
131. Вечером позвонили друзья, _____ мы должны встретиться в парке. **132.** Вечером позвонили друзья, _____ мы купили сувениры.	(А) которым (Б) с которыми (В) которых (Г) которые

133. Я знаю, _____ подарку Вы будете рады. **134.** Я знаю, _____ писателе вы говорите.	(А) какое (Б) с каким (В) какому (Г) о каком
135. Я не забыл, _____ продукты вы заказали. **136.** Олег хорошо понимает, _____ людям можно верить.	(А) какие (Б) каких (В) каким (Г) какими
137. Я не знаю, _____ звонил Николай. **138.** Да, я знаю, _____ он ждал весь вечер.	(А) о ком (Б) кто (В) кого (Г) кому
139. Я не знаю, _____ он обещал сделать. **140.** Я не знаю, _____ он был недоволен сегодня.	(А) что (Б) чем (В) к чему (Г) о чём
141. Пабло не объяснил, _____ он поехал в Россию. **142.** Он хотел жить в городе, _____ учился его отец.	(А) куда (Б) где (В) как (Г) зачем
143. Лена пришла домой поздно, _____ была в ресторане. **144.** Борис был очень занят, _____ он не пошёл в парк. **145.** Дети долго гуляли, _____ они очень хотели есть. **146.** Я люблю плавать, _____ всегда отдыхаю на море.	(А) потому что (Б) поэтому

147. Я прочитал в газете, _____ открылся новый музей. **148.** Мы взяли такси, _____ ехать на вокзал. **149.** Оля купила овощи, _____ сделать салат. **150.** Мама попросила, _____ мы вернулись в 10 часов.	(А) что (Б) чтобы
151. Иван приедет в субботу, _____ . **152.** Он точно не знает, _____ приехать. **153.** Конечно, он позвонит, _____ . **154.** Я не понял, _____ отец снять квартиру.	(А) если сможет (Б) сможет ли
155. Борис любит шахматы, _____ мы нет.	(А) а (Б) и (В) но
156. Мы поехали за город, _____ пошёл дождь, и мы вернулись.	(А) а (Б) и (В) но
157. Не знаю, какую кассету выбрать – с народной _____ классической музыкой.	(А) и (Б) но (В) или
158. Не понимаю, _____ он поехал в Сибирь.	(А) почему (Б) где (В) куда
159. Я совсем забыл, _____ можно проехать отсюда в центр.	(А) куда (Б) где (В) как
160. Когда я смотрю этот фильм, я _____ свою школу.	(А) вспоминаю (Б) вспоминал (В) вспомнил

161. Когда мы с братом пришли домой, мы _____ сок.	(А) пьём (Б) выпили (В) выпьем
162. Маша _____ , когда было 9 часов вечера.	(А) уходит (Б) уйдёт (В) ушла
163. Я не смотрел вчера телевизор, _____ был интересный фильм.	(А) потому что (Б) так как (В) хотя
164. Надо рано вставать, _____ много сделать.	(А) чтобы (Б) если (В) тогда
165. Конечно, мы будем очень рады, _____ Вы придёте.	(А) если бы (Б) если (В) хотя

Субтест 2. ЧТЕНИЕ

Инструкция к выполнению теста

- Время выполнения теста – 50 минут.

- При выполнении теста можно пользоваться словарём.

- Вы получили тест. Он состоит из 3 текстов и 20 тестовых заданий.

- В матрице, напишите ваше имя и фамилию.

- Выберите правильный вариант ответа и отметьте соответствующую букву в матрице.

Например:

| А | Б | В | Г |

(Б – правильный вариант).

Если Вы ошиблись и хотите исправить ошибку, сделайте так:

| А | Б | В | Г |

(В – ошибка, Б – правильный вариант).

Отмечайте правильный выбор только в матрице, в тесте ничего не пишите. Проверяется только матрица.

Задания 1–6. Прочитайте текст 1 – фрагмент из путеводителя по Русскому музею в Петербурге. Выполните задания после него.
Выберите вариант, который наиболее полно и точно отражает содержание текста.

ТЕКСТ 1

В центре Петербурга на площади Искусств находится всемирно известный Русский музей. Это один из крупнейших музеев русского искусства, которому в 1998 году исполнилось сто лет.

Музей занимает целый комплекс зданий, соединённых между собой. Главное из них – Михайловский дворец – считается одним из красивейших зданий Петербурга. Этот дворец принадлежал царской семье. Решение превратить Михайловский дворец в музей принял царь Александр III. В 1898 году, уже после его смерти, царская семья выполнила его желание. В Михайловском дворце было открыто 37 залов, и первые посетители музея увидели коллекцию произведений русского искусства, собранную Александром III и его семьёй.

За прошедшие годы общая площадь музея увеличилась и составила 72 000 квадратных метров. Значительно расширилась и коллекция музея. В неё вошли произведения, подаренные разными коллекционерами, а также работы, купленные музеем. Сейчас музей насчитывает 382 000 произведений, отражающих тысячелетнюю историю отечественного искусства. Музею принадлежит одна из лучших коллекций гравюр и рисунков русских художников и крупнейшее в стране собрание скульптуры. Кроме того, здесь можно увидеть оригинальные произведения народного творчества.

Сегодня коллекция музея представляет собой своеобразную энциклопедию русского искусства, которой гордится не только Петербург, но и вся Россия. И неудивительно, что каждый год музей посещает почти полтора миллиона посетителей из разных городов России и всего мира.

1. Русский музей был открыт _____.

(А) Александром III

(Б) царской семьёй

(В) городскими властями Петербурга

2. Музей расположен _____.

(А) только в Михайловском дворце

(Б) в большом современном здании

(В) в нескольких зданиях

3. В Государственном Русском музее собраны _____.

(А) только произведения древнерусских мастеров

(Б) только произведения, созданные за последние 100 лет

(В) произведения искусства с глубокой древности до наших дней

4. В конце XIX века основную коллекцию музея составляли произведения, _____.

(А) купленные музеем

(Б) переданные царской семьёй

(В) подаренные коллекционерами

5. В Русском музее находится самая большая в стране коллекция _____ _____ .

(А) русской скульптуры

(Б) русской живописи

(В) произведений народного творчества

6. В музее бывает ежегодно около _____ человек.

(А) 1 500 000

(Б) 1 000 000

(В) 500 000

Задания 7–16. Прочитайте текст 2 – фрагмент из биографии великого русского учёного Менделеева. Выполните задания после него. Выберите вариант, который наиболее полно и точно отражает содержание текста.

ТЕКСТ 2

Замечательный русский учёный-химик Дмитрий Иванович Менделеев, имя которого сегодня известно каждому образованному человеку, родился 27 января 1834 года в Сибири, в городе Тобольске, в семье директора гимназии. Он был последним, семнадцатым, ребёнком Ивана Павловича и Марии Дмитриевны Менделеевых.

Вскоре после рождения сына Иван Павлович тяжело заболел, но продолжал работать. Через несколько лет, после того как он ушёл на пенсию, материальное положение семьи стало очень трудным. Говоря о детстве Д. И. Менделеева, нельзя не сказать об огромной роли матери в жизни будущего учёного. Мария Дмитриевна была умной, энергичной и очень способной женщиной. Не получив никакого образования, она самостоятельно прошла курс гимназии вместе со своими братьями. Её ум и обаяние были так велики, что в её доме любили собираться и государственные деятели, и поэты, и учёные, жившие в Тобольске.

Оставшись во время болезни мужа почти без денег, с детьми на руках, Мария Дмитриевна переехала с семьёй в село недалеко от Тобольска, где у её старшего брата был небольшой завод. С согласия брата, жившего в Москве, она стала руководить работой завода. Дела пошли хорошо, и материальное положение семьи поправилось.

Через некоторое время семья Менделеевых вернулась в Тобольск, чтобы подготовить младшего сына Дмитрия к учёбе в гимназии. 1 августа 1841 года Дмитрий Менделеев успешно поступил в Тобольскую гимназию, но учился без всякого интереса и имел средние результаты почти по всем предметам. Только математика и физика нравились мальчику, и по этим дисциплинам учёба шла хорошо.

В 15 лет Дмитрий окончил гимназию. В это время умер его отец. Старшие сёстры тогда уже были замужем, а братья работали. С матерью оставались только младшие дети: дочь Лиза и сын Дмитрий. Мария Дмитриевна заметила способности сына к физике и математике и мечтала, чтобы он поступил в университет и получил хорошее образование. Но сделать это было непросто. Завод брата сгорел, а пенсия, которую получала семья, была небольшой. Тогда Мария Дмитриевна продала всё, что можно было, и летом 1849 года с сыном и дочерью навсегда покинула Сибирь. Она отправилась в Москву с надеждой, что её сын сможет поступить в Московский университет.

Пройдут годы, и свою первую научную работу Дмитрий Иванович Менделеев посвятит своей матери.

«Посвящается памяти моей матери Марии Дмитриевны Менделеевой. Вы, – писал знаменитый учёный, – научили меня любить природу с её правдой, науку с её истиной, родину со всеми её богатствами и больше всего труд со всеми его горестями и радостями».

7. Содержанию текста более всего соответствует название _____.

(А) «Сибирский период жизни Д.И. Менделеева»

(Б) «Детство и юность Д.И. Менделеева»

(В) «Роль матери в судьбе Д.И. Менделеева»

8. Отец Д.И. Менделеева работал _____ гимназии.

(А) директором

(Б) служащим

(В) преподавателем

9. Д.И. Менделеев был в семье _____ ребёнком.

(А) вторым

(Б) младшим

(В) старшим

10. Семья Менделеевых испытывала серьёзные материальные трудности, потому что _____.

(А) Иван Павлович тяжело заболел

(Б) в семье было много детей

(В) Иван Павлович стал пенсионером

11. Семья Менделеевых стала жить материально лучше, после того как _____.

(А) переехала из Тобольска в село

(Б) Мария Дмитриевна начала управлять заводом брата

(В) брат Марии Дмитриевны купил себе небольшой завод

12. В гимназии Дмитрий Менделеев с удовольствием занимался _____.

(А) только физикой и математикой

(Б) всеми предметами, кроме физики и математики

(В) всеми предметами

13. Мария Дмитриевна мечтала, чтобы Дмитрий _____.

(А) успешно окончил гимназию

(Б) получил высшее образование

(В) стал учёным-химиком

14. Чтобы переехать в Москву, Мария Дмитриевна _____.

(А) продала завод, которым управляла

(Б) продала всё, что у неё было

(В) попросила денег у старших детей

15. Мария Дмитриевна переехала из Сибири в Москву, потому что _____.

(А) она хотела, чтобы Дмитрий поступил в Московский университет

(Б) там жили её старшие дети

(В) ей было трудно управлять заводом

16. Д. И. Менделеев посвятил свой первый научный труд матери, потому что _____.

(А) она активно помогала ему в этой работе

(Б) она просила его об этом

(В) благодаря ей он стал учёным

Задания 17–20. Прочитайте текст 3 – фрагмент из энциклопедии «Великие памятники природы». Выполните задания после него. Выберите вариант, который наиболее полно и точно отражает содержание текста.

ТЕКСТ 3

Байкал – древнейшее озеро на Земле: ему 20–25 миллионов лет. Глубина Байкала – 1642 метра. Таких глубоких озёр в мире больше нет. Когда Байкал спокоен, на глубине 40 метров видны разноцветные камни… Вода в нём пресная (несолёная) и очень холодная. Только в августе её температура поднимается до 15 градусов.

В народных песнях Байкал называют «славным морем». И это неудивительно. Его длину можно сравнить с расстоянием от Москвы до Петербурга (636 километров), хотя в мире есть озёра, гораздо большие по площади.

336 рек несут свои воды в Байкал, и только одна Ангара берёт своё начало в озере и несёт свои воды в Енисей, крупнейшую реку Сибири. Байкал – уникальное создание природы. Известно, что в озере имеется 1000 видов растений и 2500 видов животных, из них 80% встречается только здесь, на Байкале.

Байкал – озеро-загадка. До сих пор учёные не могут понять, как появилась в Байкале рыба из северных морей. Непонятно, как и почему в Байкале сохранились рыбы и растения, которые исчезли в других озёрах и морях.

Но Байкал не только загадочное озеро. Это одно из самых красивых озёр нашей планеты. И неудивительно, что об этом прекрасном и загадочном озере рассказывают легенды. Вот одна из них.

Много дочерей было у старого Байкала. Но особенно он любил красавицу Ангару. И решил Байкал никому не отдавать в жёны свою любимую дочь. Но услышала Ангара о прекрасном и сильном Енисее и захотела уйти к нему. Рассердился отец и поставил на её пути высокие горы. Тогда все 336 сестёр Ангары помогли ей убежать к Енисею. Увидел это Байкал и бросил громадный камень, чтобы остановить её. Но Ангара убежала и нашла с Енисеем своё счастье. С того времени несёт она свои воды в Енисей. А камень, который бросил Байкал, и сейчас стоит на том же месте.

17. Содержанию текста более всего соответствует название _____ .

(А) «Уникальное озеро»

(Б) «Животный и растительный мир Байкала»

(В) «Легенда о Байкале»

18. Байкал – необычное озеро, потому что оно самое _____ .

    (А) холодное

    (Б) большое

    (В) глубокое

19. Особенность реки Ангары в том, что она _____ .

    (А) впадает в Байкал

    (Б) берёт начало в водах Байкала

    (В) самая большая река в Сибири

20. В легенде рассказывается _____ .

    (А) об одиноком Байкале

    (Б) о помощи Ангары Енисею

    (В) о побеге Ангары к Енисею

Субтест 3. АУДИРОВАНИЕ

Инструкция к выполнению теста

- Время выполнения теста – 35 минут.
- При выполнении теста пользоваться словарём нельзя.
- Тест состоит из 6 аудиотекстов и 30 заданий к ним.
- В матрице напишите ваше имя и фамилию.
- Вы прослушаете 6 аудиотекстов. Все аудиотексты звучат один раз. После прослушивания каждого аудиотекста выберите правильный вариант и отметьте соответствующую букву в матрице.

Например:

| А | Ⓑ | В | Г |

(Б – правильный вариант).

Если Вы ошиблись и хотите исправить ошибку, сделайте так:

| А | Ⓑ | ⊗ | Г |

(В – ошибка, Б – правильный вариант).

Отмечайте правильный выбор только в матрице, в тексте ничего не пишите. Проверяется только матрица.

Задания 1–5. Прослушайте текст 1 и выполните задания к нему.

Текст 1

1. Ира написала письмо своей _____ .

(А) маме

(Б) подруге

(В) сестре

2. Теперь Ира на занятия _____ .

   (А) ходит пешком

   (Б) ездит на метро

   (В) ездит на автобусе

3. Брат Иры учится _____ .

   (А) в институте

   (Б) в университете

   (В) в школе

4. Костя хотел _____ .

   (А) учиться в старой школе

   (Б) поехать летом на море

   (В) переехать на новую квартиру

5. Ира хочет пригласить к себе Лену, когда _____ .

   (А) купит новую квартиру

   (Б) купит новую мебель

   (В) перейдёт в другой институт

Задания 6–10. Прослушайте текст 2 – фрагмент лекции о некоторых интересных фактах биографии А.П. Чехова. Выполните задания к тексту.

Текст 2

6. Экскурсовод рассказал о Чехове _____ .

   (А) как об известном писателе

   (Б) как об общественном деятеле

   (В) как о хорошем враче

7. Чехов давал деньги на строительство _____ .

(А) школ

(Б) больниц

(В) библиотек

8. Чехов родился _____ .

(А) в Петербурге

(Б) на Сахалине

(В) в Таганроге

9. Чехов помогал народным библиотекам: _____ .

(А) посылал деньги

(Б) отправлял книги

(В) строил здания

10. Чехов занимался общественной работой, чтобы быть _____ .

(А) богатым

(Б) известным

(В) счастливым

Задания 11–15. Прослушайте текст 3 – фрагмент радиопередачи «Отдых в выходные дни». Выполните задания к тексту.

Текст 3

11. Основная тема радиопередачи – _____ .

(А) древние русские города

(Б) экскурсия в город Смоленск

(В) полёт человека в космос

12. Туристы часто посещают Смоленск, потому что _____.

(А) там сохранились старинные памятники

(Б) он находится недалеко от Москвы

(В) это крупный современный город

13. Дом-музей Юрия Гагарина находится _____.

(А) недалеко от Смоленска

(Б) в центре Смоленска

(В) на проспекте Гагарина

14. Гагарин впервые увидел самолёт, когда он _____.

(А) закончил школу

(Б) учился в первом классе

(В) жил в Смоленске

15. Авторы радиопередачи хотели, чтобы слушатели _____.

(А) написали, понравился ли им рассказ о Смоленске

(Б) прочитали книгу матери Юрия Гагарина

(В) поехали на экскурсию в Смоленск

Задания 16–20. Прослушайте текст 4 – разговор Марины и Дэна. Выполните задания.

Текст 4 (диалог)

16. Марина больше всего любит смотреть _____.

(А) информационные программы

(Б) передачи о путешествиях

(В) музыкальные программы

17. Марина хочет поехать в Лондон, потому что _____.

(А) там живёт Дэн

(Б) она хочет учить английский язык

(В) это красивый город

18. Дэн любит _____ .

(А) путешествовать

(Б) заниматься спортом

(В) смотреть телевизор

19. Марина советует Дэну _____ .

(А) побольше путешествовать

(Б) поехать на озеро Байкал

(В) смотреть телевизионные новости

20. Дэн считает, что теленовости помогают ему _____ .

(А) изучать русский язык

(Б) узнавать о событиях в мире

(В) знакомиться с городами России

Задания 21–25. Прослушайте текст 5 – разговор по телефону. Выполните задания.

Текст 5

21. Больной звонит в _____ .

(А) «Скорую помощь»

(Б) поликлинику

(В) больницу

22. Больной жалуется на то, что у него _____ .

(А) болит голова

(Б) болит горло

(В) высокая температура

23. Глазной врач принимает _____ .

(А) завтра в первой половине дня

(Б) сегодня во второй половине дня

(В) сегодня в первой половине дня

24. На дом к больному глазной врач _____ .

(А) не приходит никогда

(Б) приходит всегда

(В) приходит в редких случаях

25. Чтобы попасть на приём к терапевту, нужно _____ .

(А) прийти в часы приёма

(Б) заранее записаться

(В) позвонить врачу

Задания 26–30. Прослушайте текст 6 (диалог) – разговор Ани и Игоря. Выполните задания.

Текст 6

26. Игорь предложил Ане _____ .

(А) послушать оперу

(Б) пойти на спектакль

(В) посмотреть балет

27. Когда Игорь пригласил Аню, она _____ .

(А) согласилась пойти с ним

(Б) предложила пойти в другой день

(В) отказалась пойти с ним

28. Игорь и Аня договорились встретиться _____ .

(А) на станции метро

(Б) около Большого театра

(В) около Малого театра

29. Аня и Игорь решили встретиться _____ .

(А) в 5.30

(Б) в 6.30

(В) в 7.30

30. Игорь попросил Аню _____ .

(А) передать брату привет

(Б) позаниматься с братом физикой

(В) извиниться перед братом

Субтест 4. ПИСЬМО

Инструкция к выполнению теста

- Время выполнения теста – 60 минут.
- При выполнении теста можно пользоваться словарём.
- Тест состоит из 2 заданий.

Задание 1. Вас интересует проблема «Женщины в современном обществе». Прочитайте текст и письменно изложите все мнения, которые были высказаны по этой проблеме. Напишите, с чем Вы согласны или не согласны и почему. Ваше изложение должно быть достаточно полным, логичным и связным.

Современные женщины, как правило, работают. Многие любят работу и гордятся своими успехами. Но не слишком ли много работают сегодня женщины? Ведь после работы их ещё ждут домашние дела, которые требуют много сил и времени.

Может быть, женщине лучше не работать, а заниматься домом и воспитанием детей? С этим вопросом газета «Московские новости» обратилась к своим читателям. Вот наиболее интересные ответы.

Георгий Гречко, лётчик-космонавт: «Моя мать работала главным инженером завода. Помню, как на следующий день после того, как она ушла на пенсию, она мне сказала: "Первый раз я спала спокойно". До этого она каждую ночь беспокоилась, не случилось ли что-нибудь на заводе, но если бы кто-нибудь предложил моей матери не работать, а только заниматься домашним хозяйством, она бы не согласилась – она любила свой завод, свою работу. Конечно, жизнь женщины трудна, часто очень трудна, и всё-таки никто не может лишить её права заниматься любимым делом. Я считаю, что государство должно помнить: женщина нуждается в заботе и помощи».

Шократ Тадыров, работающий в Академии наук в Туркмении: «Я хочу поговорить о воспитании детей. Ответственность мужчин в этом вопросе не может равняться с ответственностью женщин. Воспитание детей должно быть главной задачей женщины. И, конечно, забота о доме и о муже. Ведь муж зарабатывает деньги на содержание своей семьи и, естественно, нуждается во внимании жены. Работающие женщины – вот главная причина того, что во многих странах теперь рождается так мало детей. Кроме того, работающая женщина становится материально самостоятельной, поэтому родители часто расходятся, и дети растут без отца».

Эльвира Новикова, депутат Государственной думы: «У женщины должен быть выбор: где, сколько и как работать и работать ли вообще. Пусть свою судьбу выбирают сами женщины в зависимости от того, что для них главное – дом, работа или и то и другое вместе. Не нужно искать один вариант счастья для всех, ведь у каждой женщины свои представления о счастье. И государство должно принимать свои решения, заботясь о работающих женщинах и их детях».

Алексей Петрович Николаев, пенсионер: «Время очень изменило женщин. Или, лучше сказать, женщина сама изменилась. Мы уже привыкли к тому, что нас учат и лечат женщины, что среди инженеров, экономистов, юристов много женщин. Сегодня мы нередко встречаем женщин-милиционеров, политиков и даже лётчиц. Женщина овладела, кажется, всеми мужскими профессиями. А вы знаете, о чём мечтают такие женщины? Они мечтают о букете цветов и не хотят потерять право на внимание мужчин».

Александр Данверский, журналист: «До сих пор все войны, катастрофы, социальные эксперименты происходили потому, что решения принимали мужчины. Женщин, к сожалению, не приглашали обсуждать важные проблемы. В последние годы социологи всё чаще говорят, что XXI век будет веком женщины, потому что так называемые «мужские ценности» (личный успех, решение проблем с позиции силы) уступят место «женским ценностям»: заботе о мире и общем благополучии. Если мы хотим, чтобы положение изменилось, мы, мужчины, должны помочь женщинам занять в обществе достойное место».

Дорогие читатели! Наша редакция ежедневно получает десятки писем, посвящённых этой актуальной проблеме, поэтому мы продолжим обсуждение темы «Женщины в современном обществе». Ждём ваших писем.

(по материалам газеты «Московские новости»)

Задание 2. **В России Вы познакомились с девушкой (молодым человеком) и хотите пригласить её (его) к себе домой, на родину. Напишите письмо о ней (о нём) своим родителям. В письме сообщите следующее:**

- Как её (его) зовут?
- Какая она (какой он)?
- Какой у неё (у него) характер?
- Чем она (он) интересуется?
- Кто она (он)? Учится или работает? Где?
- Какая у неё (у него) семья? Где живут её (его) родители?
- Какие иностранные языки она (он) знает?
- Какие у неё (у него) планы на лето?

Ваше письмо должно содержать не менее 20 предложений.

Субтест 5. ГОВОРЕНИЕ

Инструкция к выполнению теста

- Время выполнения теста – 60 минут.
- Тест состоит из 4 заданий (13 позиций).
- При выполнении заданий 3 и 4 теста можно пользоваться словарём.
- Ваши ответы записываются на диктофон.

Инструкция к выполнению задания 1
(позиции 1–5)

- Время выполнения задания – до 5 минут.
- Задание выполняется без предварительной подготовки.
- Вам нужно принять участие в диалогах. Вы слушаете реплику тестирующего преподавателя и даёте ответную реплику. Если Вы не успеете дать ответ, не задерживайтесь, слушайте следующую реплику.
- Помните, что Вы должны дать полный ответ (ответы «да», «нет», «не знаю» не являются полными).

Задание 1 (позиции 1–5). **Примите участие в диалогах. Ответьте на реплики собеседника.**

1. – Я давно не видел вашего друга. Где он сейчас? Чем занимается?
   – _____ .

2. – Какой сувенир Вы хотите (хотели бы) привезти из России?
   – _____ .

3. – Извините, мне хочется посмотреть центр города. Это далеко? Как доехать отсюда до центра города?
   – _____ .

4. – Я хочу купить сувениры, но сегодня воскресенье. Скажите, пожалуйста, когда в воскресенье закрываются магазины в вашем городе?
   – _____ .

5. – Скажите, пожалуйста, Вы не знаете, где здесь можно хорошо и недорого поужинать?

– _____.

Инструкция к выполнению задания 2
(позиции 6–10)

- Время выполнения задания – до 8 минут.
- Задание выполняется без предварительной подготовки. Вам нужно принять участие в 5 диалогах. Вы знакомитесь с ситуацией и после этого начинаете диалог, чтобы решить поставленную задачу. Если одна из ситуаций покажется Вам трудной, переходите к следующей ситуации.

Задание 2 (позиции 6–10). **Познакомьтесь с описанием ситуации. Начните диалог.**

6. Вам не нравится Ваша комната в гостинице. Вы хотите поменять её. Объясните администратору, какую комнату Вы хотите получить и почему.

7. Ваш русский друг собирается поехать в Вашу страну зимой. Расскажите ему о погоде в Вашей стране в это время года. Посоветуйте, какую одежду нужно взять с собой.

8. Вы хотите поехать в Россию. Вы пришли в посольство, чтобы получить визу. Обратитесь к работнику посольства и объясните, в какой город и с какой целью Вы хотите поехать.

9. Вы прочитали книгу, которая Вам очень понравилась. Посоветуйте своему другу прочитать её и объясните, почему.

10. Вы хотите поехать на экскурсию и пришли в туристическое бюро. Объясните, куда Вы хотите поехать, узнайте обо всём, что Вас интересует (вид транспорта, время и продолжительность поездки, условия проживания, стоимость экскурсии).

Инструкция к выполнению задания 3

(позиции 11, 12)

- Время выполнения задания – до 25 минут (подготовка – 15 минут, ответ– до 10 минут).
- При подготовке задания можно пользоваться словарём.

Задание 3 (позиции 11, 12). **Прочитайте рассказ известного художника Игоря Эммануиловича Грабаря о его встрече с великим русским композитором Петром Ильичём Чайковским. Кратко передайте его содержание.**

ВСТРЕЧА С П. И. ЧАЙКОВСКИМ

Я хочу рассказать, как одна встреча с великим человеком сыграла огромную роль в моей жизни.

Когда мне было восемнадцать лет, я приехал в Петербург и поступил учиться в университет. Я всегда очень любил музыку. Моим любимым композитором был Пётр Ильич Чайковский. Поэтому в свободное время я часто ходил в оперный театр и с удовольствием слушал все оперы Чайковского, смотрел его балеты.

Однажды мои друзья пригласили меня в гости в одну семью. Хозяйка этого дома была прекрасной певицей и часто выступала на концертах. Я с удовольствием пошёл к ним. Это был для меня счастливый вечер, потому что в тот вечер к ним в гости пришёл Пётр Ильич Чайковский. Хозяйка дома пела арии из его опер. Петру Ильичу понравилось её пение. Чайковский говорил очень мягко и просто, все внимательно слушали его. Начался интересный разговор о музыке, о литературе, об искусстве.

Поздно вечером мы вместе с Чайковским вышли из дома, и он спросил, где я живу. Узнав, что я живу недалеко от его дома, он предложил мне пойти пешком. Я был счастлив, ведь я не только познакомился с великим композитором, но и мог поговорить с ним во время нашей прогулки.

Мы пошли по набережной реки Невы. Была прекрасная лунная ночь. Сначала мы шли молча. Потом Пётр Ильич спросил меня:

– Я слышал, что Вы хотите стать художником. Это правда?

– Да, – ответил я.

Мы помолчали, а потом я спросил его:

– Пётр Ильич, говорят, что гении создают свои произведения, пишут музыку, картины только в те минуты, когда они работают легко и свободно, как будто кто-то помогает им. В общем, когда к ним приходит вдохновение. Что Вы думаете об этом?

– Ах, молодой человек, не говорите глупости! Нельзя ждать вдохновения, нужен прежде всего труд, труд и труд! Нужно не ждать вдохновения, а серьёзно работать, трудиться каждый день. Помните, молодой человек, одного вдохновения мало, даже гений или очень талантливый человек ничего не добьётся в жизни, не сделает ничего значительного, если не будет трудиться. Я, например, считаю, что я самый обыкновенный человек.

Я не согласился с ним и хотел поспорить, но он остановил меня и продолжил: – Нет, нет, не спорьте, я знаю, что говорю. Советую Вам, молодой человек, запомнить на всю жизнь, что вдохновение приходит только к тому человеку, который серьёзно и много работает, вдохновение рождается только из труда и во время труда. Я каждое утро в 8 или 9 часов начинаю работать и пишу музыку. Если мне не нравится, что я написал сегодня, завтра я буду делать эту же работу, буду писать всё сначала. Так я пишу день, два, десять дней. Вы сможете сделать больше и лучше, чем талантливые, но ленивые люди.

– Значит, Вы думаете, что нет абсолютно неталантливых, неспособных людей?

– Я думаю, что таких людей не так много. Но есть очень много людей, которые не хотят или не умеют работать, и тогда они говорят, что у них сегодня нет вдохновения.

Когда мы остановились около дома, где жил Чайковский, я решил задать ему ещё один вопрос, который очень волновал меня.

– Я согласен с Вами, Пётр Ильич. Очень хорошо работать для себя и по своему желанию. Но что делать, если приходится писать то, что ты должен, работать по заказу? Если ты пишешь то, что тебе заказали и за что ты получаешь деньги?

Я задал этот вопрос, потому что думал о себе, о своих картинах, которые тогда писал только по заказу.

– Ну что ж, я сам часто работаю по заказу, – ответил Чайковский. – И это очень неплохо, иногда результат бывает даже лучше, чем когда работаешь по своему желанию. А вспомните великого Моцарта. Он часто писал музыку по заказу. Или таких художников, как Микеланджело, Рафаэль... Они тоже писали по заказу.

Мы попрощались. Чайковский ушёл. Я пошёл домой. Я шёл и думал о том, что сказал мне Чайковский. Слова Петра Ильича помогли мне найти свой путь в жизни.

11. Как вы думаете, какую роль сыграла встреча с Чайковским в жизни молодого художника?

12. Согласны ли Вы со словами П.И. Чайковского? Почему?

Инструкция к выполнению задания 4
(позиция 13)

- Время выполнения задания – до 20 минут (подготовка – 10 минут, ответ – 10 минут).
- Вы должны подготовить сообщение на предложенную тему.
- Вы можете составить план сообщения, но не должны читать своё сообщение.
- При выполнеии задания можно пользаваться словарём.

Задание 4 (позиция 13). В гостях Вы познакомились с молодыми людьми, которые рассказали Вам, как они с друзьями проводят свободное время. Расскажите и Вы о своих интересах, увлечениях, о том, как Вы проводите свободное время.

Вы можете рассказать:

- Где Вы учитесь(работаете), остётся ли у Вас свободное время после учёбы(работы);
- Чем Вы интересуетесь, как, когда и почему появился у Вас этот интерес;
- Что Вы любите делать в свободное время;
- Как Вы предпочитаете отдыхать(дома, за городом, в кафе, на дискотеке и т.д.);
- любите ли Вы театр, живопись, музыку, танцы, компьютерные игры и т.д. В Вашем рассказе должно быть не менее 20 фраз.

2부 정답 및 문제해설

정답

Субтест 1. ЛЕКСИКА. ГРАММАТИКА

КОНТРОЛЬНАЯ МАТРИЦА[1]

МАТРИЦА NO.1

№	А	Б	В	
1	**А**	Б		
2	А	**Б**		
3	А	**Б**		
4	**А**	Б		
5	А	**Б**		
6	**А**	Б		
7	**А**	Б		
8	А	**Б**		
9	А	Б	**В**	
10	А	**Б**	В	
11	А	Б	**В**	
12	**А**	Б	В	
13	**А**	Б	В	
14	А	Б	**В**	
15	**А**	Б	В	
16	А	**Б**	В	
17	**А**	Б	В	
18	А	Б	**В**	
19	А	**Б**	В	
20	А	Б	**В**	

МАТРИЦА NO.2

№	А	Б	В	Г
21	А	**Б**	В	
22	А	Б	**В**	
23	**А**	Б	В	
24	А	Б	**В**	
25	**А**	Б	В	
26	А	**Б**	В	
27	А	**Б**	В	
28	**А**	Б	В	
29	А	Б	**В**	
30	**А**	Б	В	
31	А	Б	В	**Г**
32	А	Б	**В**	Г
33	**А**	Б	В	Г
34	А	**Б**	В	Г
35	А	**Б**	В	Г
36	А	Б	В	**Г**
37	А	Б	В	**Г**
38	**А**	Б	В	Г
39	А	**Б**	В	Г
40	А	Б	В	**Г**

МАТРИЦА NO.3

41	А	**Б**	В	Г
42	А	Б	**В**	Г
43	**А**	Б	В	Г
44	А	Б	**В**	Г
45	А	Б	**В**	Г
46	А	Б	В	**Г**
47	**А**	Б	В	Г
48	А	**Б**	В	Г
49	**А**	Б	В	Г
50	А	Б	В	**Г**
51	А	Б	В	**Г**
52	**А**	Б	В	Г
53	А	Б	**В**	Г
54	А	**Б**	В	Г
55	А	Б	**В**	Г
56	А	Б	В	**Г**
57	А	Б	**В**	
58	**А**	Б	В	
59	А	**Б**	В	
60	А	Б	**В**	
61	А	Б	**В**	
62	А	**Б**	В	
63	А	**Б**	В	
64	А	Б	**В**	
65	**А**	Б	В	

МАТРИЦА NO.4

66	А	Б	**В**	
67	**А**	Б	В	
68	А	Б	**В**	
69	А	**Б**	В	
70	А	Б	**В**	
71	А	**Б**	В	
72	**А**	Б	В	
73	**А**	Б	В	
74	**А**	Б	В	
75	А	Б	**В**	
76	**А**	Б	В	
77	А	Б	**В**	
78	А	**Б**	В	
79	А	**Б**	В	
80	**А**	Б	В	
81	**А**	Б	В	
82	А	**Б**	В	
83	А	Б	**В**	
84	**А**	Б	В	
85	А	Б	**В**	
86	**А**	Б	В	
87	А	Б	**В**	
88	А	**Б**		
89	**А**	Б		
90	**А**	Б		

МАТРИЦА NO.5

#	А	Б		
91	А	**Б**		
92	**А**	Б		
93	**А**	Б		
94	**А**	Б		
95	**А**	Б		
96	**А**	Б		
97	**А**	Б		
98	**А**	Б		
99	А	**Б**		
100	**А**	Б		
101	А	**Б**		
102	А	**Б**		
103	**А**	Б		
104	**А**	Б		
105	**А**	Б		
106	А	**Б**		
107	А	**Б**		
108	А	**Б**		
109	**А**	Б		
110	А	**Б**		
111	А	**Б**		
112	А	**Б**		
113	А	**Б**		
114	**А**	Б		
115	**А**	Б		

МАТРИЦА NO.6

#	А	Б	В	Г
116	**А**	Б		
117	А	**Б**		
118	А	**Б**		
119	**А**	Б		
120	**А**	Б	В	
121	А	**Б**	В	
122	А	Б	**В**	
123	А	Б	**В**	
124	**А**	Б	В	
125	А	Б	**В**	
126	А	**Б**	В	
127	А	**Б**	В	
128	**А**	Б	В	
129	А	Б	**В**	Г
130	А	Б	В	**Г**
131	А	**Б**	В	Г
132	**А**	Б	В	Г
133	А	Б	**В**	Г
134	А	Б	В	**Г**
135	**А**	Б	В	Г
136	А	Б	**В**	Г
137	А	Б	В	**Г**
138	А	Б	**В**	Г
139	**А**	Б	В	Г
140	А	**Б**	В	Г

МАТРИЦА NO.7

№				
141	А	Б	В	**Г**
142	А	**Б**	В	Г
143	**А**	Б		
144	А	**Б**		
145	А	**Б**		
146	А	**Б**		
147	**А**	Б		
148	А	**Б**		
149	А	**Б**		
150	А	**Б**		
151	**А**	Б		
152	А	**Б**		
153	**А**	Б		
154	А	**Б**		
155	**А**	Б	В	
156	А	Б	**В**	
157	А	Б	**В**	
158	**А**	Б	В	
159	А	Б	**В**	
160	**А**	Б	В	
161	А	**Б**	В	
162	А	Б	**В**	
163	А	Б	**В**	
164	**А**	Б	В	
165	А	**Б**	В	

Субтест 2. ЧТЕНИЕ

КОНТРОЛЬНАЯ МАТРИЦА[1]

1	А	**Б**	В
2	А	Б	**В**
3	А	Б	**В**
4	А	**Б**	В
5	**А**	Б	В
6	**А**	Б	В
7	А	Б	**В**
8	**А**	Б	В
9	А	**Б**	В
10	А	Б	**В**
11	А	**Б**	В
12	**А**	Б	В
13	А	**Б**	В
14	А	**Б**	В
15	**А**	Б	В
16	А	Б	**В**
17	**А**	Б	В
18	А	Б	**В**
19	А	**Б**	В
20	А	Б	**В**

Субтест 3. АУДИРОВАНИЕ

КОНТРОЛЬНАЯ МАТРИЦА[1]

#				#			
1	А	**Б**	В	16	А	**Б**	В
2	**А**	Б	В	17	А	Б	**В**
3	А	Б	**В**	18	**А**	Б	В
4	**А**	Б	В	19	А	Б	**В**
5	А	**Б**	В	20	**А**	Б	В
6	А	**Б**	В	21	А	**Б**	В
7	**А**	Б	В	22	**А**	Б	В
8	А	Б	**В**	23	А	Б	**В**
9	А	**Б**	В	24	А	Б	**В**
10	А	Б	**В**	25	**А**	Б	В
11	А	**Б**	В	26	А	**Б**	В
12	**А**	Б	В	27	**А**	Б	В
13	**А**	Б	В	28	А	Б	**В**
14	А	**Б**	В	29	А	**Б**	В
15	А	Б	**В**	30	А	Б	**В**

Субтест 1. ЛЕКСИКА. ГРАММАТИКА (어휘, 문법)

〈테스트 중 지켜야 할 사항〉

- 시험 시간은 60분입니다. 시험 문제는 총 165문항입니다.
- 시험 중 사전을 이용할 수 없습니다.
- 시험지와 답안지를 받은 후, 답안지의 각 장에 이름을 쓰세요.
- 시험지의 왼쪽에는 문제 번호와 표현이 주어져 있고, 오른쪽에는 보기가 나열되어 있습니다. 정답이 되는 알파벳을 골라 답안지에 표시하세요.

예를 들면:

| А | Ⓑ | В | Г | (Б – 정답)

답을 수정할 경우, 아래와 같이 고치세요.

| А | Ⓑ | ⊗ | Г | (В – 오답, Б – 정답)

정답은 답안지에만 표시하시고, 시험지에는 쓰지 마세요. 답안지만 채점됩니다.

ЧАСТЬ I

(문제 1-25) 보기에서 정답을 고르세요.

(1-4) слушать(듣다)와 слышать(들리다)를 구별하는 문제이다.

Я слушаю вас는 직역하면 '당신의 말을 경청하고 있다'이다. 즉, '듣고 있으니 말씀하세요'라는 의미로, 전화를 받을 때나 관공서, 호텔, 병원 등 많은 상황에서 사용되는 구문이다. 굳어진 표현이기도 하지만, 의미상으로도 '(의도하여) 듣다'라는 표현이므로 정답은 слушаю이다.

[어휘] слушать (주의깊게, 경청해서) 듣다 / слышать, -шу, -шишь 들리다(듣다)
болеть 아프다 Что у вас болит? 어디가 아프세요?(신체 일부가 아프다는 표현에 사용)
예) У меня болит голова. 머리가 아파요.
У меня болят зубы. 이가 아파요.
[해석] 듣고 있으니 말씀하세요, 젊은이. 어디가 아프시죠?
[정답] A

2

들으려고 노력하나 잘 들리지 않는다는 의미이므로 정답은 слышу이다.

[어휘]   доктор 의사, 박사 (의사라는 단어에는 врач가 있으나 호칭으로는 사용되지 않는다)
[해석]   의사 선생님, 잘 들리지가 않아요.
[정답]   Б

3

들으려고 노력하나 들리지 않는다는 의미이므로 정답은 слышу이다.

[어휘]   шумно 시끄럽게, 시끄럽다
[해석]   여기가 시끄러워서 네가 말하는 소리가 들리지 않아.
[정답]   Б

4

라디오는 경청해야 하므로 정답은 слушаю이다.

[어휘]   обязательно 반드시, 꼭
[해석]   아침에 나는 라디오를 꼭 듣는다.
[정답]   А

(5~8) 유사 개념인 одинаковый(똑같은)와 похож(닮은)를 구별하는 문제이다. 의미상의 차이와 용법의 차이를 구별하여야 한다. 전자는 형용사의 장어미형이며, 후자는 형용사의 단어미형으로서 용법이 구별된다.

5

의미상 похожи가 적당하며, 뒤에 쓰인 전치사 на를 참고할 수도 있다.

[어휘]   одинаковый (형용사 장어미형) 똑같은 / похож (형용사 단어미형) на кого ~와 닮은
         예) Он похож на отца. Она похожа на маму. Они похожи друг на друга.
[해석]   레프 똘스또이는 모든 행복한 가족들은 서로가 닮아 있다고 썼다.
[정답]   Б

6

의미상 모든 연필이 똑같다는 것이므로, 정답은 одинаковые이다.

[어휘]   взять возьму, -мёшь, -мут 잡다, 가져가다, 빌리다 / любой 모든, 각각의, 임의의
[해석]   아무 연필이나 골라라, 모두 똑같으니까.
[정답]   А

7

의미상 똑같은 가방을 사게 된 것이므로 정답은 одинаковые이다.

[어휘] случайно 우연히
[해석] 나와 레나는 우연히 똑같은 가방을 샀다.
[정답] А

8

닮았다는 의미이므로 정답은 похожи이다.

[해석] 사진에서 형제는 매우 닮았다.
[정답] Б

9

어리다는 의미이므로 정답은 маленькая이다.

[어휘] младший 손아래의 / молодой 젊은 / маленький 어린
[해석] 내 여동생은 아직 어려서 학교에 다니지 않는다.
[정답] В

10

единственный(유일한)와 единый(통일된)를 구별하는 것이 중요하다.

[어휘] редкий 드문 / единственный 단 하나의, 유일한 / единый 단일의, 통일된
[해석] 이러한 호수는 더 이상 어디에도 없다. 이것은 세계에서 유일하다.
[정답] Б

11

의미상 부드럽다는 형용사가 들어가야 한다. 정답은 мягкий이다.

[어휘] крепкий 굳은, 견고한, (차 등이) 진한, (술 등이) 독한 / твёрдый 딱딱한 / мягкий 부드러운, 가벼운, 온화한 / свежий 신선한, 갓 나온, 참신한
[해석] 빵이 매우 신선해. 봐, 얼마나 부드러운지.
[정답] В

12

명사 чай를 수식할 수 있는 형용사는 крепкий이다. сильный는 힘이 강하다는 의미이므로 적합하지 않다.

[해석] 할머니는 너무 진한 차는 마시지 않는다.

[정답] A

13

의미상 '위로'라는 부사가 필요하므로 정답은 наверх가 된다. 부사를 선택할 때 '방향(куда)'을 의미하는지, '장소(где)'를 의미하는지가 중요하다. 여기에서는 '올라가다'라는 동사로 인해 장소를 의미하는 вверху(위에서)는 적합하지 않으며, 의미상 вниз(아래로) 역시 정답이 될 수 없다.

> ⚠ **여기서 잠깐!**
>
> наверх 위로, 위쪽으로, 윗 층으로
> наверху 위에서, 윗 층에서
> вверх 위로 향하여
> вверху 위쪽에, 높은 곳에
> вниз 아래로
> внизу 아래에서, 아래층에서

[어휘] поднимать 올리다 / подниматься 올라가다
[해석] 우리는 위로 올라갔다.

[정답] A

14

의미상 '~부터'라는 전치사가 필요하다. 'во время + чего'는 '~하는 동안에'이므로 맞지 않고, 'от + чего-кого'는 장소나 사람을 의미하므로 맞지 않는다. 정답은 'с + чего'로 시간상 '~부터'라는 의미로 사용할 수 있다.

예) Во время обеда он пришел. 그는 식사 중에 도착했다.
Станция метро находится близко от нашего дома. 지하철역은 우리 집에서 가깝다.
Я слышал об этом от Тани. 나는 이것에 대해 따냐로부터 들었다.

[해석] 은행은 9시부터 일한다.

[정답] B

15

'по + чему ~을 따라서', 'к + чему ~가까이로', 'во + что ~로(방향)'이다. музею는 музей의 여격이므로 по나 к가 가능하지만, ходить라는 동사 때문에 к는 적당하지 않다. к는 근접을 나타내므로 보통 접두사 под-가 붙은 동사와 함께 사용된다.

예) Мы подошли к музею. 우리는 박물관 쪽으로 갔다.

[해석]   우리는 박물관을 오랫동안 돌아다녔다.
[정답]   А

16

задача는 과제, проблема는 문제, цель은 목적을 의미하므로 문맥상 정답은 проблема가 된다.

[어휘]   отношение 관계, 태도
[해석]   자연에 대한 인간의 태도는 중요한 문제이다.
[정답]   Б

17

과일과 야채의 범주를 묻는 문제이다. 토마토는 야채에 속한다.

[어휘]   фрукты 과일(항상 복수) / виноград 포도 / помидоры 토마토 / картофель 감자
[해석]   나는 과일을 매우 좋아한다. 특히 포도를 좋아한다.
[정답]   А

18

водить에는 '운전하다'라는 뜻이 있다. 조동사 уметь와 결합하는 동사는 배워서 습득할 수 있는 기술이나 능력을 뜻하는 동사여야 한다.

[어휘]   уметь + инф. ~을 할 줄 안다.
[해석]   나는 자동차를 운전할 줄 모른다.
[정답]   В

19

2 часа는 '두 시간 동안'이라는 의미이다. 다음의 표현과 구별하여야 한다; в 2 часа 두 시에.

[어휘]   начинаться 시작하다 / продолжаться 계속되다 / кончаться 끝나다
[해석]   콘서트는 두 시간 동안 계속되었다.
[정답]   Б

20

유사 어휘를 구별하는 문제이다.

выступить 공연하다, 연설하다 / **поступить** 입학하다 / **наступить** (시간, 계절 등이) 오다, 도래하다.

　　예) Он выступает по телевизору. 그가 텔레비전에 나오고 있다.
　　　　Она поступила в МГУ. 그녀는 모스끄바 국립대학에 입학했다.
　　　　Зима наступает. 겨울이 다가오고 있다.

[어휘]　после + чего ~후에 / жаркий 더운, 뜨거운 / день 낮, 하루(дня는 день의 생격) / наконец 마침내

[해석]　더운 하루가 지나고 드디어 저녁이 왔다.

[정답]　В

21

обсудить 토론하다 / **объяснить** 설명하다 / **рассказать** 이야기하다

[어휘]　попросить + кого / у кого + инф ~에게 ~해 달라고 부탁하다
[해석]　우리는 빅또르 이바노비치 선생님께 새로운 단어들을 설명해 달라고 요청했다.
[정답]　Б

22

벽에 걸려 있다는 의미이므로 정답은 висят이 된다.
лежать 놓여 있다 / **стоять** 서 있다 / **висеть** 걸려 있다

[해석]　벽에 걸려 있는 시계가 맘에 든다.
[정답]　В

23

убирать 치우다, 청소하다 / **собирать** 수집하다, 모으다 / **собираться** 모이다

[어휘]　весь день 하루 종일
[해석]　나따샤는 하루 종일 집을 청소했다.
[정답]　А

24

보기의 동사들은 모두 '공부하다, 배우다'의 의미를 가지고 있지만, 의미와 용법에 차이가 있으므로 잘 구별하여 사용해야 한다.

учиться + где ~에서 (수업 등을 통해) 배우다 / **изучать** + что ~을 배우다, 연구하다 / **заниматься**

(+ чем) + где ~에서 (~을) 공부하다(혼자).

예) Я учусь в университете. 나는 대학에 다닌다(나는 대학생이다).
Я изучаю русский язык. 나는 러시아어를 배우고 있다.
Я обычно занимаюсь дома. 나는 보통 집에서 공부한다.

[해석]　– Лена, 도서관에 갈거니?
　　　　– 아니, 나는 집에서 공부하는 것을 좋아해.

[정답]　B

25

научиться + чему '스스로 배우기 시작하다'라는 의미가 강하다 / изучать + что '깊이 있게 접근하여 배우다'라는 의미가 강하다 / выучить + что '반복하여 학습하다'라는 의미가 강하다. 따라서 예문에서 정답은 научиться가 된다.

[어휘]　имея는 동사 иметь(가지다)의 부동사 형태 / самостоятельно 독자적으로, 독립적으로
[해석]　나는 컴퓨터를 가지고 혼자서 러시아어로 읽는 것을 배울 수 있다.
[정답]　A

ЧАСТЬ II

(문제 26~77) 보기에서 정답을 고르세요.

26

'под + чем ~아래에서' 이므로 кресло의 조격인 креслом이 정답이 된다.

[해석]　우리 고양이는 항상 소파 아래에서 잠을 잔다.
[정답]　Б

27

'мимо + чего ~를 지나서, ~옆을'이므로 остановка의 생격인 остановки가 정답이 된다.

[해석]　우리는 정류장을 지나갔다.
[정답]　Б

28

'до + чего ~까지'이므로 три часа의 생격인 трех часов가 정답이 된다.

[어휘]   перерыв 휴식 시간
[해석]   상점은 세 시까지 휴식 시간이다.
[정답]   А

29

'заметить/замечать + кого-что 눈치채다, 깨닫다'이므로 정답은 нас가 된다.

[해석]   안똔은 우리를 알아채지 못하고 지나가 버렸다.
[정답]   Б

30

'~(사람)에게로 가다'라는 표현은 '운동동사 + к + кому'이므로 정답은 к хирургу가 된다.

[어휘]   'У кого болит (болят) + 신체부위' ~가 아프다
[해석]   나는 손이 아프다. 내일 외과에 갈 것이다.
[정답]   А

(31~32) этот человек의 격에 따른 용법을 구별하는 문제이다.

31

встретить/встречать + кого-что이므로 정답은 этого человека가 된다.

[어휘]   'никогда + не + 동사의 과거'는 완전 부정의 표현으로서 '전혀 ~해 본 적이 없다'로 해석 된다.
[해석]   나는 예전에 이런 사람을 한 번도 본 적이 없다.
[정답]   Г

32

рассказать/рассказывать + о ком / о чём이므로 정답은 об этом человеке가 된다.

[해석]   빅또르는 이 사람에 대해 이야기하였다.
[정답]   В

(33~34) интересная передача의 격에 따른 용법을 구별하는 문제이다.

33

문장에서는 주어가 필요하므로 정답은 интересная передача가 된다.

[어휘] '텔레비전(라디오 등)에서 ~가 나오다'라는 표현은 동사 идти를 이용한다.
[해석] 오늘 텔레비전에서 재미있는 방송을 한다.
[정답] А

34

вести + что이므로 정답은 대격 интересную передачу이다.

[어휘] вести는 '~을 이끌다, 조종하다, 진행하다'라는 의미를 가지고 있다. '아나운서, 진행자'는 ведущий이다.
[해석] 나의 친구는 재미있는 방송을 진행한다.
[정답] Б

(35~36) новая комедия의 격에 따른 용법을 구별하는 문제이다.

35

문장에서는 목적어가 필요하므로 정답은 대격 новую комедию이다.

[해석] 작가는 배우들에게 새로운 희극을 읽어 주었다.
[정답] Б

36

'участвовать + в чём ~에 참여하다'이므로 정답은 в новой комедии가 된다.

[해석] 젊은 배우들은 새로운 희극에 참여하게 될 것이다.
[정답] Г

(37~38) наш преподаватель의 격에 따른 용법을 구별하는 문제이다.

37

문맥상 '우리 선생님과 함께'가 되어야 하므로 정답은 с нашим преподавателем이 된다.

[해석] 우리는 선생님과 함께 견학을 갈 것이다.
[정답] Г

38

문맥상 '선생님에게'이므로 정답은 у нашего преподавателя이다.

[어휘] проездной билет은 버스, 지하철, 뜨람바이, 뜨롤리 버스를 이용할 수 있는 정기 교통 카드이다.
[해석] 교통카드는 선생님에게서 받을 수 있다.
[정답] А

(39~40) старшая дочь의 격에 따른 용법을 구별하는 문제이다.

39

문맥상 '~에게'가 와야 하므로 старшая дочь의 여격인 старшей дочери가 정답이 된다.

[해석] 나는 큰 딸에게 새로운 사진들을 보여주었다.
[정답] Б

40

'учить/научить + кого + инф ~에게 ~하는 것을 가르치다'이므로 정답은 старшая дочь의 대격인 старшую дочь가 된다.

[해석] 엄마는 큰 딸에게 요리 잘하는 법을 가르쳤다.
[정답] Г

(41~42) Белое море의 격에 따른 용법을 구별하는 문제이다.

41

문맥상 '백해의'가 와야 하므로 Белое море의 생격인 Белого моря가 정답이 된다.

[해석] 아르한겔스크는 백해의 해변에 서 있다.
[정답] Б

42

по + чему이므로 정답은 Белое море의 여격인 Белому морю가 된다.

[어휘] путешественник 여행가 / плыть 헤엄치다, 항해하다
[해석] 여행가들은 백해를 따라 이틀 동안 항해했다.
[정답] Б

(43~44) Русский музей의 격에 따른 용법을 구별하는 문제이다.

43

나이를 표현할 때 'кому-чему + сколько + лет'이므로 정답은 Русский музей의 여격인 Русскому музею가 된다.

[해석] 나는 러시아 박물관이 건립한지 오래되었다는 것을 알고 있다.
[정답] А

44

문맥상 '~에서'가 와야 하므로 정답은 в Русском музее가 된다.

[해석] 러시아 박물관에서 만납시다.
[정답] Б

(45~46) книжная выставка의 격에 따른 용법을 구별하는 문제이다.

45

문맥상 주어가 와야 하므로 정답은 книжная выставка가 된다.

[해석] 여기에 도서 전람회가 열린 지 오래되있나요?
[정답] Б

46

'~ 티켓'이라고 할 때 билет в (на) что를 쓴다. '오페라 티켓'은 билет в оперу, '발레 티켓'은 билет на балет 등으로 표현할 수 있다. 따라서 정답은 на книжную выставку이 된다.

[해석] 나는 도서 전람회의 표를 구입했다.
[정답] Г

(47~48) будущий муж의 격에 따른 용법을 묻는 문제이다.

47

'познакомиться + с кем ~와 인사하다'이므로 정답은 с будущим мужем이 된다.

[해석]   마리나는 손님들 중에서 미래의 남편과 인사했다.
[정답]   А

48

문맥상 '미래 남편의 부모님'으로 생격이 와야 하므로 정답은 будущего мужа가 된다.

[해석]   그 후에 그녀는 미래의 남편의 부모님들도 알게 되었다.
[정답]   Б

(49~50) испанский спортсмен의 격에 따른 용법을 묻는 문제이다.

49

문맥상 주어가 와야 하므로 정답은 испанский спортсмен이 된다.

[해석]   경기에서 스페인 선수가 우승했다.
[정답]   А

50

нравиться의 '의미상의 주어'는 여격이 와야 하므로 정답은 испанскому спортсмену가 된다.

[해석]   새로운 경기장이 스페인 선수의 마음에 들었다.
[정답]   Г

(51~52) английское посольство의 격에 따른 용법을 묻는 문제이다.

51

문맥상 '영국 대사관에서'가 와야 하므로 정답은 в английском посольстве가 된다.

[해석]   나는 영국 대사관에서 비자를 받았다.
[정답]   Г

52

문맥상 주어가 와야 하므로 정답은 английское посольство가 된다.

[해석]   영국 대사관은 모스끄바 시내에 위치하고 있다.
[정답] A

(53~54) большое внимание의 격에 따른 용법을 묻는 문제이다.

53

문맥상 '주의 깊게'라는 부사가 와야 한다. 명사를 부사의 의미로 쓰기 위해서 с чем 형태를 사용할 수 있다: с вниманием(주의깊게), с удовольствием(기꺼이), с трудом(어렵게)..

[해석]   우리는 주의 깊게 뉴스를 들었다.
[정답] B

54

требовать + чего(요구하다, 필요로 하다)이므로 정답은 생격인 большого внимания가 된다.

[어휘]   водитель 운전사
[해석]   버스 운전사의 업무는 깊은 주의를 요한다.
[정답] Б

(55~56) моя подруга의 격에 따른 용법을 묻는 문제이다.

55

문맥상 кому가 와야 하므로 정답은 моя подруга의 여격인 моей подруге가 된다.

[해석]   나는 여자 친구에게 저녁에 전화하겠다고 약속했다.
[정답] B

56

поговорить + с кем(~와 이야기하다)이므로 정답은 조격을 사용한 с моей подругой가 된다.

[해석]   오늘 나는 여자 친구와 이야기해야 한다.
[정답] Г

57

интересоваться + чем이므로 Древняя Греция의 조격 형태인 Древней Грецией가 정답이 된다.

[해석] 빅토르는 오랫동안 고대 그리스에 관심을 가져왔다.
[정답] В

58

стать/быть + кем(~가 되다)이므로 정답은 известный учёный의 조격인 известным учёным이다.

[해석] 유라는 매우 재능이 많아 유명한 학자가 될 것이다.
[정답] А

59

정답은 красное вино의 생격인 красного вина가 된다.

[해석] 적포도주 병 좀 줘.
[정답] Б

60

вести/водить + кого이므로 정답은 대격인 младшего брата가 된다. вести/водить는 '(손잡고 за руку) 데려 가다, 데려오다'의 의미로서 привести(데려다 주다), увести(데려가다), завести(가는 길에 들려 데려다 주다) 등으로 활용된다.

[해석] 안똔은 매일 저녁 남동생을 산책하러 데려간다.
[정답] В

61

문맥상 목적어가 와야 하므로 정답은 трудное задание가 된다.

[어휘] выполнить/выполнять 수행하다, 이행하다, 완수하다
[해석] 안똔은 어려운 문제를 잘 풀었다.
[정답] В

62

'일요일에'와 같이 요일에 관한 시간 표현은 во что이다. 즉 전치사 в + 대격이 필요하다. 따라서 정답은 в воскресенье가 된다.

⚠️ 여기서 잠깐!

КОГДА?에 대한 표현 정리

~세기에	в + чём	в двадцать первом веке
~년도에	в + чём	в две тысячи восьмом году
~월에	в + чём	в августе
~월 ~일에	чего + чего	второго января
~주에	на + чём	на этой неделе
~요일에	в + что	в субботу
~시에	в + что	в девять часов

[해석]   나는 일요일에 체육관에 갈 것이다.
[정답]   Б

63

'~기간을 예정으로'라는 의미는 на что(기간)를 사용한다. 따라서 정답은 на 2 дня가 된다.

[해석]   나따샤는 여자 친구에게 이틀 동안 책을 빌려달라고 했다.
[정답]   Б

64

'~월에'의 표현은 в чём 형태를 취하므로 정답은 в июне가 된다.

[해석]   아이들은 6월에 견학을 갈 것이다.
[정답]   В

65

'~년도 ~월 ~일에'라는 표현은 모두 생격으로 표현한다. 따라서 '1995년 3월 30일에'라고 하면 тридцатого марта 1995-го года가 된다.

[해석]   보리스는 1995년 3월 30일에 일을 시작했다.
[정답]   А

66

'~주에'라는 표현은 на чём을 써야 하므로 정답은 на будущей неделе가 된다.

[해석]   우리는 다음 주에 여행을 갈 것이다.
[정답]   В

67

сколько + 복수생격이므로 정답은 слово의 복수 생격인 слов가 된다.

[해석]   나는 이 사전에 몇 개의 단어가 있는지 잘 모른다.
[정답]   A

68

시간의 표현 '~동안'은 전치사 없는 대격을 사용한다. 따라서 '25일 동안'은 25 дней이 된다.

[해석]   전시회는 25일 동안 열리게 될 것이다.
[정답]   B

69

수량 생격에서 2~4 다음에는 명사의 단수 생격이 와야 하므로 정답은 тарелки가 된다.
[해석]   왜 식탁에 세 개의 접시 밖에 없지?
[정답]   Б

70

문맥상 приятно의 의미상의 주어가 와야 하므로 родители의 여격 родителям이 정답이 된다.

[해석]   아이들에게서 편지를 받는 것은 부모들에게 항상 기쁜 일이다.
[정답]   B

71

бить + кого/что(~을 때리다)이며, животные(동물들)는 활성체 명사이므로 정답은 대격 животных가 된다.

[해석]   동물들을 때려서는 안된다.
[정답]   Б

72

вместе + с кем(~와 함께)이므로 정답은 с детьми이다.

[해석]   마리나는 아이들을 데리고 갈 것이다.
[정답]   A

73

문맥상 нужны의 주어가 와야 하므로 정답은 주격 복수형태인 большие словари이다.

[해석]   일 하기 위해 나는 커다란 사전들이 필요하다.
[정답]   A

74

목적어가 대격으로 와야 하므로 정답은 новогодние поздравления이다.

[어휘]   послать 보내다
[해석]   네가 이미 새해 축하(카드)를 보냈다니 잘했다.
[정답]   A

75

문맥상 где?가 와야 하므로 정답은 на와 명사의 전치격을 쓴 на московских площадях이다.

[해석]   명절에 모스끄바의 광장들에서는 예술가들이 공연을 한다.
[정답]   B

76

изучать + что이므로 정답은 대격 народные традиции이다.

[해석]   바짐은 이미 오래 전부터 민속 전통을 공부해 왔다.
[정답]   A

77

문맥상 '~에서'가 와야 하므로 정답은 в + 전치격을 사용한 в рекламных объявлениях이다.

[해석]   나는 광고 게시판에서 새로운 정보를 찾고 있다.
[정답]   B

ЧАСТЬ III

(문제 78~128) 보기에서 정답을 고르세요.

78

недавно(얼마 전에, 최근에)라는 부사 때문에 시제는 과거가 되어야 한다. 따라서 정답은 начался이다.

[해석]   차이꼽스끼 콩쿨은 얼마 전에 시작되었다.
[정답]   Б

79

часто라는 부사 때문에 불완료상 동사를 써야 한다. дам, дал은 дать(주다, 완료상)의 변화형이므로 정답은 давать(주다, 불완료상)의 변화형인 даю가 된다.

⚠️ **여기서 잠깐!**

	дать	давать
я	дам	даю
ты	дашь	даёшь
он/она	даст	даёт
мы	дадим	даём
вы	дадите	даёте
они	дадут	дают

[해석]   나는 자주 이웃들에게 새로운 잡지들을 준다.
[정답]   Б

80

문장에서는 попросил의 목적어가 필요하므로 동사를 목적어로 취하는 경우에는 동사의 원형이 와야 한다. 따라서 정답은 позвонить이다.

[해석]   형은 아르쫌에게 저녁에 전화하라고 부탁했다.
[정답]   A

81

успеть + инф. (제때 ~하다, ~할 (시간적) 여유가 있다) 이므로 동사 원형인 поменять가 정답이 된다.

[해석] 은행이 이미 문을 닫아서 나는 환전할 여유가 없었다.
[정답] А

82

완료상 동사의 과거형을 사용하여 순차적으로 완료된 행위를 표현하고 있으므로, позвонил과 같은 완료상 과거형인 открыл이 와야 한다.

[해석] 누군가가 벨을 눌렀고, 지마는 문을 열었다.
[정답] Б

83

привыкнуть(익숙해지다)의 목적어는 반복되는 행위이므로 불완료상 동사 원형이 와야 한다. 따라서 정답은 вставать이다.

> ⚠ **여기서 잠깐!**
> 영어에서는 동사가 동사를 목적어로 취할 때 to부정사, 동명사, 원형부정사 등의 형태를 취한다. 이와는 달리 러시아어에서 동사가 동사를 목적어로 취할 때는 예외없이 동사의 원형만을 취한다.

[해석] 나는 일찍 일어나는 것이 익숙해졌다.
[정답] В

84

동사를 목적어로 취할 때는 동사의 원형 형태를 써야 하므로 정답은 оставить가 된다.

[해석] 마리나에게 꽃을 두고 가도 되겠습니까?(마리나에게 꽃을 맡기고 가는 것을 허락해 주시겠습니까?)
[정답] А

85

вчера라는 부사 때문에 시제는 과거가 되어야 한다. 따라서 정답은 объявил이 된다.

[어휘] объявить/объявлять 신청하다, 공고하다, 선언하다
[해석] 어제 빅또르는 곧 결혼할 것이라고 발표했다.
[정답] В

86

문맥상 피동 형동사 과거형이 와야 하며, 전치격이 필요하므로 정답은 прочитанной가 된다.

[해석]   안드레이는 얼마 전에 읽은 책에 대해서 여러 날 동안 생각했다.
[정답]   A

87

문맥상 능동 형동사의 과거형이 와야 하므로 정답은 выигравшая가 된다.

[해석]   캐나다인들과의 경기를 이겼던 팀이 우승팀이 되었다.
[정답]   B

(88~91) узнать/узнавать의 상과 의미를 구별하는 문제이다.

88

문맥상 완료상 동사가 필요하다. 특히 동사 позвонил (완료상)에 유념할 필요가 있다. 정답은 узнал이 된다.

[어휘]   узнать/узнавать 알아보다, 알아내다, 알아채다
[해석]   나는 회사의 전화번호를 알아냈고, 거기로 전화를 했다.
[정답]   Б

89

узнавать는 불완료상으로서 '(누구, 무엇)을 알아보다'라는 의미가 있다.
   예) Вы не узнаёте меня? 저를 못 알아보시겠어요?
       Извините за то, что я не узнал вас. 못 알아뵈서 죄송합니다.
같은 맥락에서 정답은 узнал이 된다.

[해석]   빅토르는 거리를 따라 걸었고, 고향 도시를 알아보지 못했다.
[정답]   A

90

по вечерам(저녁마다)을 통해 반복적으로 행해지는 행위임을 알 수 있다. 따라서 불완료상이 와야 한다. 정답은 узнавал이 된다.

[해석]   저녁마다 아버지는 아이들의 학교 일에 대해서 알아 보았다.
[정답]   A

91

'так и не + 동사의 과거'는 어떤 행위가 결과 없이 끝난 것에 대한 아쉬움을 표현한다. почему 절에서 동사가 완료상으로 쓰이고 있으므로 주절에서 역시 완료상 동사가 필요하다. 따라서 정답은 узнал이 된다.

[해석]   그는 왜 모두가 웃었는지 알아내지 못했다.
[정답]   Б

(92~95) отдыхать/отдохнуть의 상을 구별하는 문제이다.

92

раньше는 특정한 시간을 지시하지는 않는다. 따라서 이 문장에서는 1회성을 나타내는 완료상 동사보다는 단순한 과거의 사실을 뜻하는 불완료상 동사인 отдыхал이 보다 적절하다.

[해석]   아버지는 예전에 어디에서 쉬었습니까?
[정답]   А

93

불완료상 동사의 과거를 부정하면 그 행위 자체가 행해지지 않았음을 나타낸다. 이 경우 역시 никогда로 인해 완전 부정을 나타내므로 정답은 불완료상인 отдыхал이 된다. 'никогда не + НСВ 과거형'임을 기억하자.

[해석]   아버지는 항상 많이 일하셨고, 거의 쉰 적이 없었다.
[정답]   А

94

쉬는 행위를 끝낸 후 일을 시작한 것을 의미하므로 완료상 동사를 써야 한다.

[해석]   퇴근 후 올렉은 쉬었고, 공부하기 시작했다.
[정답]   Б

95

완료된 상황을 의미하므로 정답은 완료상인 отдохнул이 된다.

[어휘]   провести/проводить (시간을) 보내다
[해석]   나는 일주일을 바다에서 보냈고 잘 쉬었다.
[정답]   Б

(96~99) 운동동사 идти(정태)와 ходить(부정태)를 구별하는 문제이다. 정태는 구체적 방향과 시간이 정해진 경우에 사용하며, 부정태는 방향이 정해지지 않은 경우, 반복적인 행위의 경우, 왕복의 경우에 사용된다.

96

왕복을 나타내므로 ходила가 정답이 된다.

[해석] 물론 너는 가게에 못 갔다 온게구나.
[정답] Б

97

[어휘] идти + навстречу кому ~를 마중가다, 만나러 가다
[해석] 꽃을 든 아가씨가 우리를 마중 나왔다.
[정답] А

98

방향이 정해져 있으므로 정태인 шёл이 정답이다.

[어휘] мобильный телефон (= сотовый телефон) 핸드폰
[해석] 어떤 여자가 핸드폰으로 통화를 하면서 자동차 쪽으로 갔다.
[정답] А

99

часто와 같은 빈도를 나타내는 부사가 올 경우 반드시 부정태를 써야 한다.

⚠️ **여기서 잠깐!**

부정태를 써야하는 부사들
1) иногда, часто, редко, всегда... (빈도를 나타내는 부사)
2) несколько раз, много раз... (횟수를 나타내는 경우)
3) каждый день, каждое утро... (반복을 나타내는 경우)
4) как долго, 3 часа... ('얼마 동안'을 나타내는 경우)

[해석] 어린 시절에 류바는 자주 서커스를 보러 갔다.
[정답] Б

(100~103) 접두사가 붙은 정태와 부정태 동사 прийти와 приходить를 구별하는 문제이다. 'при-'라는 접두사는 도착을 의미하며, 접두사로 인하여 동사의 상은 전자는 완료, 후자는 불완료가 된다. 용법은 위와 동일하다.

> ⚠️ **여기서 잠깐!**
> 접두사+부정태 → 불완료상 동사
> 접두사+ 정태 → 완료상 동사

100

'오늘'이라고 시간을 한정시키고 있으므로 정답은 정태 동사인 пришёл이다.

[어휘]   раньше всех 모든 사람보다 일찍
[해석]   오늘 안똔은 제일 일찍 왔다.
[정답]   A

101

두번째 문장에 всегда라는 부사와 помогал이라는 불완료상 동사가 쓰이고 있으므로 앞 문장에서 역시 부정태, 불완료상 동사인 приходил이 와야 한다.

[해석]   힘든 순간에 그 친구가 왔고, 그는 항상 나를 도와 주었다.
[정답]   Б

102

빈도 부사 обычно로 미루어 보아 부정태 동사인 приходил이 와야 함을 알 수 있다.

[해석]   보통 아빠는 직장에서 늦게 오셨다.
[정답]   Б

103

вчера라는 부사와 опоздал이라는 완료상 동사에서 알 수 있듯이 다음 문장에서도 정태, 완료체 동사인 пришёл이 와야 한다. 접속사 и로 문장이 연결될 경우, 앞의 절에서 완료상이 사용되면 선후동작을 의미하게 되므로 뒷절에서도 완료상이 사용된다.

[해석]   어제 나는 늦어서 연극이 시작한 후에 극장에 도착했다.
[정답]   A

(104~107) ехать(정태)와 ездить(부정태)를 구별하는 문제이다. 용법은 위와 동일하다.

104

일회적, 일방향적인 상황이므로 정태를 써야 한다.

[해석] 당신은 직진했어야 했다.
[정답] А

105

일회적(내일), 일방향적(블라지미르로)이므로 정태를 써야 한다.

[해석] 당신은 왜 블라지미르에 내일 가기로 했나요?
[정답] А

106

문맥상 동사 любить 다음에는 반복적인 행위를 의미하는 동사가 와야 하므로 부정태 동사를 써야 한다.

[해석] 너는 정말 차 타고 다니는 걸 좋아하니? 나는 몰랐어.
[정답] Б

107

반복되는 행위(так часто)를 표현하므로 부정태를 써야 한다.

[해석] 왜 그렇게 자주 견학을 가는지 이해할 수가 없어.
[정답] Б

(108~111) прилетать(부정태)/прилететь(정태)의 상을 구별하는 문제이다.

108

어제 완료된 상황이므로 완료상 동사를 써야 한다.

[해석] 니꼴라이 뻬뜨로비치는 바로 어제 파리로부터 도착했다.
[정답] Б

109

행하지 않은 행위에 대해서는 불완료상 동사를 쓴다.

[해석] 그는 아직 겨울에 모스끄바에 가본 적이 없다.
[정답] А

110

순차적으로 진행된 행위이므로 완료상 동사를 쓴다.

[해석] 그는 모스끄바에 도착해서 바로 대학으로 갔다.
[정답] Б

111

정확하게 도착한 것은 일회적으로 완료된 행위이므로 완료상 동사를 쓴다.

[해석] 니꼴라이 뻬뜨로비치는 늦지 않았다. 왜냐하면 비행기가 시간표대로 정확하게 도착했기 때문이다.
[정답] Б

(112~115번) приносить/принести의 상에 따른 명령형을 구별하는 문제이다.

112

일회적으로 완료해야 하는 행위에 대한 명령형이므로 완료상을 써야 한다.

[해석] 내일 자신의 사진을 가져오세요.
[정답] Б

113

일회적으로 완료해야 하는 행위에 대한 명령이므로 완료상을 써야 한다.

[해석] 샐러드 하나를 더 주세요.
[정답] Б

114

행위를 금지하는 명령형은 불완료상을 사용한다.

[해석] 열람실에 자신의 책을 절대 가져가지 마십시오.
[정답] А

115

반복되는 행위(по утрам)이므로 불완료상을 쓴다.

[해석] 아침마다 사장님께 그날 신문을 가져가세요.
[정답] А

(116~119) плыть(정태)/плавать(부정태)의 상을 구별하는 문제이다. 이 경우 의미와 시제에 주의하여야 한다. плыть의 인칭변화형은 미래 시제이며, плавать의 인칭변화형은 현재 시제가 된다.

116

구름, 해, 달 등의 자연 현상은 한 방향으로의 이동으로 간주하므로 정답은 плывут이 된다.

[해석] 구름은 얼마나 빨리 하늘을 따라 흘러가는가!
[정답] А

117

плавать에는 '수영하다, 헤엄치다'의 뜻이 있다. 어떤 행위를 할 수 있는 능력이나 기술을 의미하는 것은 부정태 동사이므로 여기서는 плавают이 올바른 표현이다.

[해석] 나따샤는 그녀의 아이들이 수영을 잘 한다고 말했다.
[정답] Б

118

방향이 명확하지 않은 행위 표현이므로 부정태 동사를 사용해야 한다.

[해석] 우리의 친구들은 여행하는 것을 좋아해서 자주 배 타고 항해를 한다.
[정답] Б

119

시간과 방향이 명확하게 명시되고 있으므로 정태 동사를 써야 한다.

[해석] 올해에 그들은 북부로 갈 것이다.
[정답] А

(120~128)접두사가 붙은 운동 동사의 의미를 구별하는 문제이다.

120

пойти(가다, 출발하다, 떠나다) / прийти(도착하다) / перейти(건너가다)를 구별하는 문제이다.
접두사가 붙은 정태 동사는 완료상이 된다. 따라서 위의 동사들이 인칭변화된 형태는 미래 시제가 된다.

[해석]   오늘 나는 한가해. 공원에 가자!
[정답]   А

121

входить(들어가다) / приходить(오다) / проходить(지나가다)를 구별하는 문제이다. ходить에 붙은 접두사 в-, при-, про-은 각각 '안으로', '도착', '통과'를 의미한다. 위의 동사들은 부정태 동사에 접두사가 붙은 형태이므로 불완료상이 되며, 시제는 현재가 된다. 그러나 회화에서는 가까운 미래를 나타낼 때도 приходить를 자주 사용하므로 주의해야 한다.

[해석]   내일 우리 집에 놀러 오세요. 우리는 기쁠 거예요.
[정답]   Б

122

прилетать(불완료상)/прилететь(완료상)는 '(날아서)도착하다'라는 의미의 동사로서 전자는 부정태 동사에 접두사가 붙어 불완료상, 후자는 정태 동사에 접두사가 붙어 완료상이 되었다. 따라서 보기에 나오는 прилетит은 '도착할 것이다'는 미래 시제가 된다.

[해석]   빅또르는 출장 중이라 아직 오지 않았다.
[정답]   В

123

도착의 의미가 강하므로 정답은 приеду가 된다.

[해석]   - 너는 언제 파리에서 돌아올거니?
         - 일주일 후에 올거야.
[정답]   В

124

'дойти + до чего(장소)'는 '~까지 가다'이므로 정답은 дошёл이다.

[해석]   극장은 가까이에 있어서 바샤는 거기까지 10분만에 갔다.
[정답]   А

125

도착의 의미이므로 приезжает이 정답이 된다.

[해석] 당신의 동료는 어떤 역에 도착합니까?
[정답] В

126

убежать는 '도망치다'라는 의미의 동사이다. добежать는 '~까지 달려가다', прибежать는 '달려서 도착하다'이다.

[해석] 여자아이가 놀라서 도망쳤다.
[정답] Б

127

'탈 것에서 내리다'는 의미의 동사는 выходить이다. уходить는 '나가다', подходить는 '다가가다'라는 의미이다.

[해석] 다음 역은 〈가가린 광장〉입니다. 당신은 내리시나요?
[정답] Б

128

'교통수단을 이용하여 가져오다'이므로 동사는 везти를 써야 하며, 도착의 의미를 나타내는 при- 접두사를 붙여야 한다. отвезти는 '반출하다, 가지고 나가다', перевезти는 '수송하다, 건너게 하다'이다.

[해석] 나는 그리스에서 딸에게 선물을 사다주어야 한다.
[정답] А

ЧАСТЬ IV

(문제 129~165) 보기에서 정답을 고르세요.

(129~132) 관계대명사 который를 묻는 문제이다. который는 선행사의 성과 수를 따라야 하며, 격은 종속절의 문장성분에 따라야 한다.

129

관계대명사의 형태 которой는 생격, 여격, 조격, 전치격일 수 있다. (А)에서는 주격이, (Б)에서는 전치격이, (В)에서는 여격이, (Г)에서는 대격이 요구된다. 다만 (Б)에서는 который 앞에 전치사 o가 필요하므로 맞지 않다. (В)는 '사람들이 ~에게 꽃을 주었다'는 일반인칭구문이므로 여격을 필요로 한다.

[해석] 너는 꽃을 받은 아가씨를 보고 있니?
[정답] В

130

해설은 위 문제와 동일하다. 관계대명사의 형태 которую가 대격이므로, 정답은 (Г)가 된다.

[해석] 너는 사진 찍고 있는 아가씨를 보고 있니?
[정답] Г

131

선행사 друзья는 복수이며, 종속절의 встретиться는 с + кем 형태의 보어가 필요하므로 정답은 с которыми가 된다.

[해석] 우리가 공원에서 만나야 하는 친구들이 저녁에 전화를 했다.
[정답] Б

132

위 문제와 동일하나 종속절에서 여격이 요구되므로 정답은 복수여격 형태인 которым이 된다.

[해석] 우리가 기념품을 사주었던 친구들이 저녁에 전화를 했다.
[정답] А

(133~136) 종속절을 이끄는 какой에 관한 문제이다. какой는 수식하는 명사에 성, 수, 격을 일치시켜야 한다.

133

수식하는 명사 подарку가 подарок의 남성 단수 여격이므로 정답은 какому가 된다.

[해석] 나는 당신이 어떤 선물을 받으면 좋아할지 알고 있다.
[정답] В

134

수식하는 명사 писателе가 남성 단수 전치격이므로 정답은 о каком이 된다.

[어휘] говорить о ком-чём ~에 대해 이야기하다
[해석] 나는 어떤 작가에 대해 이야기하는지 알고 있다.
[정답] Г

135

수식하는 명사 продукты가 남성 복수 대격이므로 정답은 какие이다.

[어휘] забыть/забывать 잊다
        заказать/заказывать 주문하다
[해석] 나는 당신이 어떤 제품을 주문했는지 잊지 않았다.
[정답] А

136

수식하는 명사 людям이 복수 여격이므로 정답은 каким이 된다.

[어휘] верить/поверить + кому-чему 믿다
[해석] 올렉은 어떤 사람들을 믿어야 하는지 잘 안다.
[정답] Б

(137~138) 종속절을 이끄는 кто에 관한 문제이다. 종속절의 문장성분에 격을 맞추어야 한다.

137

종속절에는 여격이 필요하므로 정답은 кому가 된다.

[해석] 나는 니꼴라이가 누구에게 전화했는지 모른다.
[정답] Г

138

종속절에는 대격이 필요하므로 정답은 кого가 된다.

[어휘] весь вечер 저녁 내내
[해석] 예, 그가 저녁 내내 누구를 기다렸는지 알고 있습니다.
[정답] Б

(139~140) 종속절을 이끄는 что에 관한 문제이다.

139

сделать의 목적어가 필요하므로 대격 что가 정답이다.

[어휘]   обещать 약속하다(완, 불완)
[해석]   나는 그가 무엇을 하기로 약속했는지 모른다.
[정답]   А

140

[어휘]   доволен/недоволен + кем/чем ~에 만족하다 / 불만족하다
[해석]   나는 그가 오늘 무엇에 대해 불만족스러운지 모른다.
[정답]   Б

(141~142) 의문사가 종속절을 이끄는 접속사로 쓰이는 경우에 대한 문제이다.

141

[해석]   빠블로는 왜 러시아에 갔는지 설명하지 못했다.
[정답]   Г

142

[해석]   그는 그의 아버지가 공부했던 도시에서 살기를 원했다.
[정답]   Б

(143~146) 접속사 потому что(왜냐하면)와 поэтому(그래서)를 구별하는 문제이다.

143

[해석]   레나는 집에 늦게 왔다. 왜냐하면 레스토랑에 있었기 때문이다.
[정답]   А

144

[해석]   보리스는 매우 바빴다. 그래서 공원에 가지 않았다.
[정답]   Б

145

[해석] 아이들은 오랫동안 산책했다. 그래서 매우 먹길 원했다(배가 고팠다).
[정답] Б

146

[해석] 나는 수영하는 것을 좋아해서, 항상 바다에서 쉬곤 한다.
[정답] Б

(147~150) что와 чтобы를 구별하는 문제이다. 전자는 일반적인 사실을, 후자는 가정법적인 바람, 소망 등을 표현한다. 따라서 что 이하의 문장은 주어와 술어가 완전한 문장이 와야 하며, чтобы 이하의 문장에는 동사의 원형이나 동사의 과거형이 와야 한다.

147

[해석] 나는 신문에서 새로운 박물관이 문을 열었다는 것을 읽었다.
[정답] A

148

'чтобы + 동사원형'은 행위의 목적을 의미하며 '~하기 위해서'로 해석한다.

[해석] 우리는 역으로 가기 위해 택시를 잡았다.
[정답] Б

149

[해석] 올랴는 샐러드를 만들기 위해 야채를 샀다.
[정답] Б

150

실제의 행위가 아닌 미래에 대한 요청 및 바람을 표현하고 있으므로 정답은 чтобы이다. 이 경우 주절과 종속절의 주어가 일치하지 않으면 종속절의 동사는 반드시 과거형으로 써야 한다.

[해석] 엄마는 우리에게 10시에 돌아오도록 부탁했다.
[정답] Б

(151~154번 문제) если сможет(만일 가능하다면)과 сможет ли(가능할지)를 구별하는 문제이다. 후자의 경우 반드시 동사의 원형과 결합되어야 한다.

151

[해석] 이반은 가능하다면 토요일에 올 것이다.
[정답] А

152

[해석] 그는 올 수 있을지 없을지를 정확하게 잘 모르고 있다.
[정답] Б

153

[해석] 가능하다면(할 수만 있다면) 그는 당연히 전화할 것이다.
[정답] А

154

[어휘] снять/снимать квартиру (комнату) 아파트(방)를 빌리다, 얻다
[해석] 나는 아버지가 아파트를 빌릴 수 있을 것인지를 알아듣지 못했다.
[정답] Б

(155~157번 문제) 접속사 и(그리고), а(그런데), но(그러나), или(또는)를 구별하는 문제이다.

155

보리스가 체스를 좋아하는 것과 우리가 좋아하지 않는 것은 역접의 상황이 아니다. 따라서 а를 써야 옳다. 보통 순접도, 역접도 아닌 경우 또는 단순 비교인 경우 접속사 а를 쓴다.

[해석] 보리스는 체스를 좋아하지만 우리는 아니다.
[정답] А

156

[해석] 우리는 교외로 나갔지만 비가 와서 돌아왔다.
[정답] В

157

선택의 상황이므로 или가 정답이다.

[해석] 민요 혹은 클래식 중 어떤 테잎을 골라야 할지 모르겠다.
[정답] B

(158~159) 적당한 접속사를 고르는 문제이다.

158

의미상 접속사 почему(왜)가 필요하다.

[해석] 나는 그가 왜 시베리아로 갔는지 이해되지 않는다.
[정답] A

159

의미상 접속사 как(어떻게)가 필요하다.

[해석] 나는 여기에서 시내로 어떻게 가야 하는지 완전히 잊어버렸다.
[정답] B

(160~161) когда 절에 관한 문제이다. когда 절에 불완료상 동사를 사용하면 '동시동작'을 의미하며, 해석은 '~하면서'가 된다. 이때 주절에서 역시 불완료상 동사를 사용해야 한다. когда 절에 완료상 동사를 사용하면 '순차적인 행위'를 의미하게 되어 '~ 한 후에'로 해석하며, 주절에도 완료상 동사를 쓴다.

160

동시동작을 뜻하므로 불완료상 вспоминаю를 사용해야 한다.

[해석] 이 영화를 볼 때 나는 나의 학교를 회상한다.
[정답] A

161

순차적인 행위이므로 완료상인 выпили가 정답이다.

[해석] 나는 형과 함께 집에 도착한 후에 주스를 마셨다.
[정답] Б

162

시제의 일치에 관한 문제이다. когда 절의 시제가 과거이므로 주절의 시제도 과거가 와야 한다.

[해석] 9시가 되었을 때 마샤는 떠났다.
[정답] В

(163~165) 적당한 접속사를 고르는 문제이다.

163

[어휘] так как 왜냐하면, хотя ~에도 불구하고
[해석] 재미있는 영화를 했는데도 나는 어제 텔레비전을 보지 않았다.
[정답] В

164

[어휘] чтобы + 동사원형 ~하기 위해
[해석] 많은 일을 하기 위해서 일찍 일어나야만 한다.
[정답] А

165

예문은 직설법이기 때문에서 если를 쓰며, 동사도 미래를 쓴다. 가정법으로 쓴다면 'Мы были бы очень рады, если бы Вы пришли.'가 된다.

[해석] 만일 당신이 온다면 우리는 매우 기쁠 것이다.
[정답] Б

Субтест 2. ЧТЕНИЕ (읽기)

〈테스트 중 지켜야 할 사항〉

- 시험 시간은 50분입니다.
- 시험 중 사전을 이용할 수 있습니다.
- 시험은 세 개의 텍스트와 20개의 문항으로 이루어져 있습니다.
- 답안지에 이름을 쓰세요.
- 정답이 되는 알파벳을 골라 답안지에 표시하세요.

예를 들면:

   (Б – 정답)

답을 수정할 경우, 아래와 같이 고치세요.

| А | Ⓑ | ⓥ̸ | Г | (В – 오답, Б – 정답)

정답은 답안지에만 표시하시고, 시험지에는 쓰지 마세요. 답안지만 채점됩니다.

(문제 1~6) 텍스트1은 뻬쩨르부르그에 있는 러시아 박물관에 대한 여행안내문의 일부입니다. 텍스트1을 읽고, 다음에 나오는 문제에 답하시오. 텍스트의 내용을 가장 완전하고 정확하게 반영하는 예문을 고르시오.

[지문 해석1]

　뻬쩨르부르그 중심부에 있는 예술 광장에는 전세계적으로 유명한 러시아 박물관이 위치하고 있다. 이는 러시아 예술의 대규모 박물관 중 하나로서 1998년에 100주년을 맞이하였다.

　박물관은 서로 연결된 건물들 전체를 차지하고 있다. 그 가운데 가장 중요한 미하일로프 궁은 뻬쩨르부르그의 가장 아름다운 건물들 중 하나로 간주된다. 이 궁전은 황실의 소유였다. 알렉산드르 3세는 미하일로프 궁전을 박물관으로 바꾸는 법령을 채택했다. 이미 그의 사후가 된 1898년에 황실에서는 그의 바람을 완수했다. 미하일로프 궁에서 37개의 홀이 개관했고, 최초의 관람객들은 알렉산드르 3세와 그의 가족에 의해 수집된 러시아 예술품 컬렉션을 볼 수 있었다.

　지난 시간 동안 박물관의 전체면적은 계속 늘어나 72,000 평방미터에 이르게 되었다. 박물관의 소장품도 현저히 늘어났다. 그 안에는 여러 소장가들이 기증한 작품들과 박물관 측이 구입한 작품들이 포함된다. 현재 박물관은 러시아 예술의 천년 역사를 반영하는 382,000점의 작품들을 보유하고 있다. 러시아 화가들의 판화 및 회화의 최고의 컬렉션 중 하나와 최대 규모의 조각 작품들이 박물관에 속해있다. 이외에도 민속 창작의 진품들도 여기에서 볼 수 있다.

　오늘날 이 박물관의 소장품은 뻬쩨르부르그 뿐만 아니라 전 러시아가 자랑하는 러시아 예술의 독특한 백과사전이라고 할 수 있다. 따라서 매년 러시아와 전 세계의 각 도시에서 오는 약 백오십만 명의 관람객이 박물관을 방문한다는 것은 놀랄만한 일이 아니다.

[어휘]
всемирно 전세계적으로 / крупнейший 가장 큰 규모의(крупный의 최상급) / исполниться 실현되다, (나이, 연령에 대해) ~가 되다, 이르다 / комплекс 복합, 종합체 / между собой 서로 간에 / соединённый 결합된(соединить의 피동형동사 형태) / принадлежать + кому ~에게 귀속되다 / решение 법령, 판결, 해답, 결정 / превратить + что + во что ~을 ~으로 바꾸다 / произведение 작품 / увеличиться 증대되다, 확대되다, 강화되다 / составить + что 조립하다, 만들다, 이루다, ~이 되다 / 이르다 / расшириться 넓어지다, 확대 / 팽창하다, 증가 / 증대되다 / коллекция 콜렉션 / коллекционер 수집가 / насчитать/насчитывать 세다, 계산하다. ~의 수를 가지다(불완) / отечественный 조국의 / гравюра 판화 / рисунок 삽화, 수채화 / посещать/посетить + кого-что 방문하다 / посетитель 방문객 / представлять собой + что ~이다

[문제 풀이 및 해설]

1. 러시아 박물관은 _____에 의해 개관하였다.
   (А) 알렉산드르 3세
   (Б) 황실
   (В) 뻬쩨르부르그 시 정부

[정답] Б
[해설] городские власти 도시 당국, 시 정부
알렉산드르 3세가 칙령을 내렸으나 실제로 그의 뜻이 지켜져 개관하게 된 것은 황실에 의해서이다.

2. 박물관은 _____ 위치하고 있다.
   (А) 미하일로프 궁에만
   (Б) 커다란 현대식 건물에
   (В) 여러 건물들에

[정답] В
[해설] расположен (동사 расположить의 피동 형동사 단어미 형) 위치하고 있다. 펼쳐져 있다.
서로 연결된 건물들이 서로 연결되어 하나의 복합 공간을 이루고 있으므로 여러 건물들로 구성되어 있음을 알 수 있다.

3. 국립 러시아 박물관에는 _____이 수집되어 있다.
   (А) 고대 거장들의 작품들만
   (Б) 최근 100년 동안 만들어진 작품들만
   (В) 고대에서 현재에 이르기까지의 예술 작품들

[정답] В

4. 19세기 말에는 박물관의 주요 컬렉션을 _____ 작품들이 이루고 있었다.
   (А) 박물관이 구입한
   (Б) 황실이 양도한
   (В) 수집가들이 기증한

[정답]   Б

5. 러시아 박물관에는 _____의 가장 큰 컬렉션이 있다.
   (А) 러시아 조각
   (Б) 러시아 회화
   (В) 민속 창작 작품들

[정답]   A

6. 박물관에는 매년 약 _____ 명의 사람들이 방문한다.
   (А) 1,500,000
   (Б) 1,000,000
   (В) 500,000

[정답]   A
[해설]   ежегодно 매년

(문제 7~16) 러시아의 위대한 학자인 멘젤레예프의 전기 중 일부인 텍스트 2를 읽으시오. 그 후에 문제에 답하시오. 텍스트의 내용을 가장 완전하고 정확하게 반영하는 예문을 고르시오.

[지문 해석 2]

오늘날 모든 교양있는 사람들에게 그 이름이 잘 알려져 있는, 위대한 러시아의 화학자 드미뜨리 이바노비치 멘젤레예프는 1834년 1월 27일 시베리아 또볼스크라는 도시에서, 김나지움의 교장 선생님 집안에서 태어났다. 그는 이반 빠블로비치와 마리야 드미뜨리예브나 멘젤레예프의 17번째 아이이자, 막내 아들이었다.

아들이 태어난 직후에 이반 빠블로비치는 심하게 앓기 시작했으나 일을 계속했다. 그가 퇴직하고 나서 몇 년 후 가족의 경제적 상황은 매우 어렵게 되었다. 멘젤레예프의 어린 시절에 대해 말하면서 이 미래의 학자의 삶에 있어서 어머니의 엄청난 역할에 대해 이야기하지 않을 수 없다. 마리야 드미뜨리예브나는 현명하고, 열정적이고 매우 능력 있는 여성이었다. 아무런 교육도 받지 않았으나 그는 형제들과 함께 독학으로 김나지움 과정을 끝냈다. 그녀의 지혜와 매력은 매우 커서, 또볼스크에 사는 정부 인사들도, 시인들도, 학자들도 모두 그녀의 집으로 모이는 것을 좋아했다.

남편의 병환 중에 거의 돈 한푼 없이 아이들과 남겨진 마리야 드미뜨리예브나는 큰 오빠의 작은 공장이 있었던 또볼스크 근처의 도시로 가족들과 이사를 갔다. 모스끄바에 살고 있던 오빠의 동의를 구해 그녀는 공장의 일을 감독하게 되었다. 일이 잘 되어 경제적 상황은 좋아지게 되었다.

얼마 후 멘젤레예프의 가족은 막내 아들인 드미뜨리를 김나지움에 입학시키기 위해 또볼스크로 돌아왔다. 1841년 8월 1일 드미뜨리 멘젤레예프는 좋은 성적으로 또볼스크 김나지움에 입학했으나 전과목에 대한 흥미 없이 공부했고, 거의 모든 과목에서 중간 정도의 성적을 유지했다. 다만 수학과 물리학을 좋아해서 이 과목들의 성적은 우수했다.

15세에 드미뜨리는 김나지움을 졸업했다. 이 시기에 그의 아버지가 세상을 떠났다. 누나들은 이미 결혼했고, 형들은 일하고 있었다. 어린 자녀들, 딸 리자와 아들 드미뜨리만이 어머니와 남게 되었다. 마리야 드미뜨리예브나는 아들이 물리학과 수학에 재능을 보이고 있다는 것을 눈치채고 그가 대학에 가서 좋은 교육을 받기를 희망했다. 그러나 이것은 단순한 일이 아니었다. 오빠의 공장은 불탔고, 가족이 받고 있던 연금은 많지 않았다. 그러자 마리야 드미뜨리예브나는 처분할 수 있는 모든 것을 팔아, 1849년 아들과 딸을 데리고 영원히 시베리아를 떠났다. 그녀는 아들이 모스끄바 대학에 입학할 수 있을 거라는 희망을 가지고 모스끄바로 향하였다.

수년이 지나 드미뜨리 이바노비치 멘젤레예프는 자신의 첫번째 저작을 어머니에게 헌정했다. 〈나의 어머니 마리야 드미뜨리예브나 멘젤레예브나를 기억하며. 당신은 내가 자연과 진실을, 학문과 진리를, 조국과 그 모든 풍요로움을, 그리고 무엇보다도 노동(노력)과 그 노동의 모든 슬픔과 기쁨을 사랑하도록 가르치셨습니다〉라고 저명한 학자는 썼다.

[어휘]
образованный 교육받은, 교양있는 / гимназия 김나지움, 중등교육기관 / вскоре 곧 / материальное положение 물질적 상황, 경제적 상황 / обаяние 매력, 마력 / деятель 사업가, 활동가 / руководить + кем-чем 지도하다, 주관하다, 경영하다 / сгореть 소실되다, 다 타버리다 / покинуть 버리다, 떠나다 / отправиться 출발하다, 향하다 / память 기억, 기억력, 기념, 회상, 추억 / посвятить/посвящать + кого-что + кому-чему 바치다, 증정하다 / знаменитый 저명한 / горесть 비애, 불행, 불운, 재난

[문제 풀이 및 해설]

7. 텍스트의 내용은 대체적으로 _____ (이)라는 제목에 적합하다.
(А) 〈멘젤레예프의 삶 중 시베리아 시기〉
(Б) 〈멘젤레예프의 유년기와 청년기〉
(В) 〈멘젤레예프의 운명에서 어머니의 역할〉

[정답] В
[해설] более всего = больше всего 무엇보다도
соответствовать + кому-чему 상응하다, 일치하다, 합치하다

8. 멘젤레예프의 아버지는 김나지움의 _____ (으)로 일하였다.
(А) 교장
(Б) 직원
(В) 교사

[정답] А
[해설] служащий 직장인, 근무자

9. 멘젤레예프는 가족 중에서 _____ 아이였다.
　　(А) 둘째
　　(Б) 막내
　　(В) 첫째

[정답] Б

10. 멘젤레예프의 가족은 심각한 물질적 어려움을 겪었는데, 왜냐하면 _____.
　　(А) 이반 빠블로비치가 심하게 앓았기 때문이다
　　(Б) 아이들이 많았기 때문이다
　　(В) 이반 빠블로비치가 퇴직했기 때문이다

[정답] В
[해설] испытывать/испытать 체험하다, 겪다

11. 멘젤레예프의 가족은 _____ 후 경제적으로 나아지게 되었다.
　　(А) 또볼스크에서 작은 마을로 이사한
　　(Б) 마리야 드미뜨리예브나가 오빠의 공장을 경영하기 시작한
　　(В) 마리야 드미뜨리예브나의 오빠가 작은 공장을 산

[정답] Б
[해설] после того как ~한 후에(절을 이끈다)
　　　　управлять + чем 운영하다, 경영하다

12. 김나지움에서 드미뜨리 멘젤레예프는 _____을 즐겨 공부했다.
　　(А) 물리학과 수학만
　　(Б) 물리학과 수학을 제외한 모든 과목들
　　(В) 모든 과목들

[정답] А
[해설] с удовольствием 만족스럽게, 기꺼이

13. 마리야 드미뜨리예브나는 드미뜨리가 _____ (하기를) 소망했다.
　　(А) 우수하게 김나지야를 졸업하기를
　　(Б) 고등(대학) 교육을 받기를
　　(В) 화학자가 되기를

[정답] Б
[해설] высшее образование 고등교육(대학 이상의 학력, 혹은 교육)

14. 모스끄바로 이사하기 위하여 마리야 드미뜨리예브나는 _____.
   (А) 운영하던 공장을 팔았다
   (Б) 그녀가 가지고 있던 모든 것을 팔았다
   (В) 큰 아이들의 돈을 빌렸다

[정답]   Б
[해설]   продавать/продать 팔다

15. 마리야 드미뜨리예브나는 시베리아에서 모스끄바로 이사했다. 왜냐하면 _____.
   (А) 그녀는 드미뜨리가 모스끄바 대학에 입학하기를 원했기 때문이다
   (Б) 그녀의 큰 아이들이 거기에서 살았기 때문이다
   (В) 공장을 운영하기가 힘들었기 때문이다

[정답]   А

16. 멘젤레예프는 자신의 첫번째 학문적 업적을 어머니에게 바쳤는데, 왜냐하면 _____.
   (А) 그녀가 그 일을 적극적으로 도왔기 때문이다
   (Б) 그녀가 그렇게 해달라고 부탁했기 때문이다
   (В) 그녀의 덕분에 학자가 될 수 있었기 때문이다

[정답]   В

(문제 17-20) 백과사전 〈자연의 위대한 유산〉 중의 일부인 텍스트 3을 읽으시오. 그 후에 문제에 답하시오. 텍스트의 내용을 가장 완전하고 정확하게 반영하는 예문을 고르시오.

[지문해석 3]

　　바이깔 호수는 지구에서 가장 오래된 호수로 2천만-2천5백만 년 되었다. 바이깔의 깊이는 1,642미터이다. 지구 상에 이렇게 깊은 호수는 더 이상 없다. 바이깔이 잔잔할 때에는 40미터 깊이에 있는 각양각색의 돌들이 보인다.... 바이깔의 물은 담수이며(소금기가 없으며), 매우 차다. 8월에만 그 온도가 15도까지 올라간다.
　　민요에서는 바이깔을 〈영광의 바다〉라고 부른다. 이것은 놀랄 만한 일이 아니다. 바이깔의 길이는 모스끄바에서 뻬쩨르부르그까지의 거리(636킬로미터)에 비견되는데 이보다 훨씬 면적이 큰 호수는 세계에 여럿 있다.
　　336개의 강이 자신의 물을 바이깔로 나르고 있으며, 유일하게 앙가라 강 만이 이 호수에서 시작하여 시베리아 최대의 강인 예니세이 강으로 흘러 들어간다. 바이깔은 독특한 자연의 창조물이다. 호수에 1,000종의 식물과 2,500종의 동물들이 살고 있으며, 그중 80%가 여기 바이깔에서만 볼 수 있다는 것은 잘 알려진 사실이다.
　　바이깔은 수수께끼의 호수이다. 지금까지도 학자들은 어떻게 북쪽 바다들의 어류가 바이깔에 나타나게 되었는지 이해하지 못하고 있다. 어떻게 그리고 왜 다른 호수나 바다에서는 멸종된 어류나 식물들이 바이깔에는 남아있는지 이해할 수 없는 것이다.

> 그러나 바이깔이 단순히 수수께끼의 호수인 것만은 아니다. 이것은 지구 상에서 가장 아름다운 호수 중 하나이다. 전설들이 아름답고 신비로운 호수에 대해 이야기하는 것은 놀라운 일이 아니다. 그 중 하나가 이것이다.
>
> 나이든 바이깔에게는 많은 딸들이 있었다. 그러나 그는 아름다운 딸 앙가라를 특히 사랑했다. 그래서 바이깔은 자신의 사랑하는 딸을 아무에게도 시집보내지 않기로 결심했다. 그러나 앙가라는 멋있고 강한 예니세이에 대해서 듣고 그에게 가고 싶었다. 아버지는 화가 나서 그녀가 가는 길에 높은 산맥을 세워 놓았다. 그러자 336명의 모든 언니들이 앙가라가 예니세이에게 도망갈 수 있도록 도왔다. 바이깔이 이것을 보고 그녀를 멈추게 하려고 거대한 돌을 던졌다. 그러나 앙가라는 도망가 예니세이와 행복을 찾았다. 이때부터 앙가라는 예니세이로 흘러 들어가게 되었다. 그리고 바이깔이 던진 바위는 지금도 그 자리에 서 있다.

[어휘]

древнейший 가장 오래된, древний의 최상급 / глубина 깊이 / разноцветный 여러 색깔의 / пресный 염분이 없는, 싱거운, 무미건조한 / славный 영광스러운, 명예가 있는, 매우 좋은 / сравнить с кем-чем ~와 비교하다 / расстояние 거리 / гораздо 훨씬, 비할 바 없이 / уникальный 독특한 / создание 설립, 창조물 / растение 식물 / животное 동물 / загадка 수수께끼 / загадочный 수수께끼의, 알 수 없는 / сохраниться/сохраняться 간직하다, 보존되다 / планета 행성 / легенда 전설 / отдать + кого + кому в жёны ~를 ~에게 시집보내다 / рассердиться/сердиться 화를 내다 / громадный 거대한

[문제 풀이 및 해설]

17. 본문의 내용에 가장 가까운 제목은 _____ 이다.
  (A) 〈독특한 호수〉
  (Б) 〈바이깔의 동식물 세계〉
  (В) 〈바이깔에 대한 전설〉

[정답] A

18. 바이깔은 평범하지 않은 호수이다. 왜냐하면 그것은 가장 _____ 때문이다.
  (A) 차갑기
  (Б) 크기
  (В) 깊기

[정답] B

19. 앙가라 강의 특징은 _____는 점에 있다.
   (А) 바이깔로 흘러 든다
   (Б) 바이깔에서 시작된다
   (В) 시베리아에서 가장 큰 강이다

[정답]   Б
[해설]   впасть/впадать + во что ~로 흘러 들다, 흘러가다

20. 전설에서는 _____ 이야기되고 있다.
   (А) 외로운 바이깔에 대해
   (Б) 앙가라가 예니세이를 도운 것에 대해
   (В) 앙가라가 예니세이에게 간 것에 대해

[정답]   В
[해설]   одинокий 고립된, 고독한, 쓸쓸한
   побег 탈주, 도망, 새싹

Субтест 3. АУДИРОВАНИЕ (듣기)

〈테스트 중 지켜야 할 사항〉

- 시험 시간은 35분입니다.
- 시험 중 사전을 이용할 수 없습니다.
- 시험은 여섯 부분으로 이루어져 있으며 총 30문제입니다.
- 답안지에 이름을 쓰세요.
- 여러분은 여섯 개의 텍스트를 듣게 됩니다. 각 텍스트는 한 번만 들려줍니다. 각각의 텍스트를 들은 후 정답을 고르세요. 정답이 되는 알파벳을 골라 답안지에 표시하세요.

예를 들면:

| А | Б | В | Г |

(Б – 정답)

답을 수정할 경우, 아래와 같이 고치세요.

| А | Б | В | Г |

(В – 오답, Б – 정답)

정답은 답안지에만 표시하시고, 시험지에는 쓰지 마세요. 답안지만 채점됩니다.

(문제 1–5) 텍스트1을 듣고 그에 대한 문제에 답하세요.

[텍스트 1의 원문]

Мама! Ты помнишь Иру, мою подругу, которая жила у нас летом? Я получила от неё письмо. Послушай, что она пишет.

«Дорогая Лена! Извини, что я тебе давно не писала. Я была очень занята. Дело в том, что мы переезжали на новую квартиру. Это главная новость. Мы купили квартиру в другом районе. Это очень тихий и престижный район. Теперь мы живём рядом с метро. А кроме того, институт, в котором я учусь, находится не очень далеко от нашего дома. Теперь я дохожу до института за 10 минут, а раньше приходилось ездить на метро и на автобусе. Мы все очень рады, что переехали на новую квартиру, и только мой брат Костя не хотел ехать сюда, потому что теперь он должен будет ходить в другую школу, а его школьные друзья остались в старом районе. Мы все его успокаиваем. Костя такой весёлый и общительный, поэтому у него и здесь скоро появятся друзья. А со старыми друзьями он тоже может часто встречаться.

У нас сейчас много дел. Мы хотим купить новую мебель, и тогда я приглашу тебя в гости. Если ты приедешь к нам на каникулы, мы с тобой будем гулять по Москве, ходить в театр, на дискотеку.

Передай привет маме. Я часто вспоминаю, как летом я отдыхала на юге и жила у вас дома, как мы ходили на море купаться.

Как дела у тебя? Пиши.

Твоя Ира»

[해석]

　　엄마! 여름에 우리 집에 있었던 내 친구 이라 기억해요? 그 애한테서 편지를 받았어요. 뭐라고 쓰고 있는지 들어보세요.
　　〈사랑하는 레나야! 오랫동안 편지 못 써서 미안해. 너무 바빴어. 사실은 새 아파트로 이사를 했거든. 이것이 가장 큰 뉴스야. 우리는 다른 지역에 아파트를 샀어. 매우 조용하고 명성이 자자한 지역이야. 이제 우리는 지하철 역 근처에서 살게 되었어. 게다가 내가 공부하는 학교도 집에서 멀지 않아. 이제 나는 걸어서 10분이면 학교까지 갈 수 있게 되었어. 예전에는 지하철과 버스를 타야 했거든. 우리는 모두 새로운 아파트로 이사가게 된 것을 기뻐하는데, 내 동생 꼬스쨔만 여기로 오는 것을 바라지 않았어. 왜냐하면 다른 학교를 다녀야 하기 때문인데, 그의 친구들이 예전 동네에 남아있기 때문이야. 우리는 모두 그를 안심시키고 있어. 꼬스쨔는 밝고, 사교성이 좋아서 여기에서도 금방 친구들이 생길 거라고. 그리고 예전 친구들과도 자주 만날 수 있을 거라고.
　　우리에겐 지금 일이 많아. 새 가구를 사고 싶어. 그러면 너를 초대할게. 만약 방학에 우리 집에 놀러 오면 같이 모스끄바도 돌아다니고, 극장도 가고, 디스코텍에도 갈 수 있을거야.
　　엄마에게 안부 전해 줘. 지난 여름 남부 너희 집에서 지내면서 쉬던 일, 바다에 수영하러 다니던 일이 자주 생각 나.
　　너는 어떻게 지내고 있니? 편지 해.
　　　　　　　　　　　　　　　　　　　너의 이라〉

1. 이라는 자신의 _____ 에게 편지를 썼다.
　(A) 엄마
　(Б) 친구
　(B) 언니

[정답]　Б

2. 이제 이라는 _____ 수업에 간다.
　(A) 걸어서
　(Б) 지하철을 타고
　(B) 버스를 타고

[정답]　A

3. 이라의 동생은 _____ 에서 공부한다.
　(A) 전문대학
　(Б) 종합대학
　(B) 고등학교

[정답]　B

4. 꼬스쨔는 _____ 를 원했다.
   (А) 예전 학교에서 공부하기
   (Б) 여름에 바다에 가기
   (В) 새 아파트로 이사하기

[정답]   А

5. 이라는 _____ 레나를 초대하고 싶어한다.
   (А) 새 아파트를 사게 되면
   (Б) 새 가구를 사게 되면
   (В) 다른 대학으로 전학가면

[정답]   Б

(문제 6~10) 체홉 전기 중 몇가지 흥미로운 사실에 관한 강의의 일부인 텍스트2를 들으세요. 텍스트에 대한 문제에 답하세요.

[텍스트 2의 원문]

　　Мы все хорошо знаем Антона Павловича Чехова как писателя. Знаем также, что он был хорошим врачом. Но кроме того Чехов отдавал много времени и сил общественной деятельности. Об этой стороне жизни Чехова говорится в его биографиях, в воспоминаниях близких ему людей, в музейных экспозициях. Известно, что Чехов построил три школы. А что это значит – построить школу, потом вторую, третью? Ведь мы знаем, что Чехов не был богатым человеком. Он жил литературным трудом, а в то время за свои книги писатель получал немного. Чехов работал каждый день: изо дня в день по утрам принимал больных, а потом садился за письменный стол. Но для того, чтобы строить школы, нужны были большие денги. И тогда он обращался к друзьям, находил богатых людей, которые помогали ему и давали деньги на строительство. Чехов сам следил за тем, как шла работа.

　　А ещё много времени и сил Чехов тратил на развитие народных библиотек в разных городах России, куда он отправлял посылки с книгами из Москвы, Петербурга, из-за границы. Так, например, он посылал целые ящики книг жителям острова Сахалин. Чехов регулярно посылал книги и в городскую библиотеку Таганрога – города, где он родился и провёл своё детство.

　　Он принимал участие также в переписи населения: шёл от дома к дому, из одной семьи в другую и не просто записывал имена людей, но, если мог, он и помогал им.

　　Зачем же замечательный русский писатель занимался такими разными делами: школами, библиотеками, строительством? Чехов сам ответил на этот вопрос. Он говорил, что эта общественная работа важна для него, чтобы чувствовать себя счастливым и нужным людям.

[해석]

　　우리는 모두 안똔 빠블로비치 체홉을 작가로서 잘 알고 있다. 또한 그가 훌륭한 의사였다는 사실도 알고 있다. 그러나 이외에도 체홉은 많은 시간과 노력을 사회 활동에 쏟았다. 체홉의 이러한 면은 그의 전기, 그와 가까운 사람들의 회상, 박물관의 전시에서 드러나고 있다. 체홉이 세 개의 학교를 세웠다는 사실은 유명하다. 그렇다면 학교를 하나 세우고 나서, 두번째 세번째 학교를 계속 세웠다는 것은 무엇을 의미하는가? 우리는 체홉이 부유한 사람이 아니었음을 잘 알고 있다. 그는 문학 저술을 하며 살았으나, 그 당시 자신의 책들로 큰 돈을 벌지는 못했다. 체홉은 매일 일했다. 아침마다 환자를 보고, 그 다음에는 책상에 앉아 하루하루를 살았다. 그러나 학교를 세우기 위해서는 많은 돈이 필요했다. 그래서 그는 친구들을 찾아가고, 그를 돕고 건축비를 낼 수 있는 부자들을 찾았다. 체홉은 일이 어떻게 진행되는지를 직접 감독했다.

그리고 또한 체홉은 러시아 여러 도시의 시민 도서관 발전을 위해 많은 시간과 노력을 기울였고, 모스끄바에서, 뻬쩨르부르그에서, 외국에서 그곳들로 많은 책을 보냈다. 이를테면, 그는 책 상자들을 잔뜩 사할린 섬의 주민들에게 보냈다. 또한 자신이 태어나 유년기를 보낸 따간로그의 시립 도서관에도 정기적으로 책을 보냈다.

그는 또한 인구 조사에도 참여하여 집집마다 가정마다 다니며 단순히 사람들의 이름을 적기만 한 것이 아니라 가능하다면 그들을 돕기까지 하였다.

왜 훌륭한 러시아 작가가 이러한 여러가지 일들-학교, 도서관, 건축 등에 전념했을까? 체홉은 스스로 이 질문에 대해 대답했다. 그는 이러한 사회 활동이, 자신이 행복하고 타인에게 필요한 사람이라고 느끼기 위해서 자신에게 중요하다고 설명했다.

6. 가이드는 _____ 로서의 체홉에 대해서 이야기했다.
 (A) 유명한 소설가
 (Б) 사회 활동가
 (B) 훌륭한 의사

[정답] Б

7. 체홉은 _____ 건축에 돈을 기부했다.
 (A) 학교
 (Б) 병원
 (B) 도서관

[정답] A

8. 체홉은 _____ 에서 태어났다.
 (A) 뻬쩨르부르그
 (Б) 사할린
 (B) 따간로그

[정답] B

9. 체홉은 시민 도서관들을 도와 _____ .

　(А) 돈을 보냈다.
　(Б) 책들을 보냈다.
　(В) 건물들을 지어 주었다.

[정답]　Б

10. 체홉은 _____ 되기 위해서 사회 활동에 참여했다.

　(А) 부유하게
　(Б) 유명하게
　(В) 행복하게

[정답]　В

(문제 11~15) 라디오 프로그램 〈휴일의 휴식〉의 일부인 텍스트 3을 들으세요. 텍스트에 대한 문제에 답하세요.

[텍스트 3의 원문]

　　Дорогие друзья! Если вы интересуетесь историей и культурой России, приглашаем вас в выходные на экскурсию в Смоленск. Это один из самых древних русских городов. Он старше Ярославля, Владимира и Москвы. В России немного таких городов, как Смоленск, где можно увидеть столько старинных архитектурных памятников XII-XIII веков.

　　Современный Смоленск – один из культурных центров России. В первый же день, когда вы приедете в Смоленск, вы побываете в историческом центре города. Вы увидите Смоленский кремль, старинные соборы, замечательные архитектурые и исторические памятники, побываете в музеях, погуляете в прекрасных садах и парках Смоленска.

　　Смоленск расположен на западе от Москвы. В прошлом он не раз защищал столицу и всю Россию от врагов. Поэтому Смоленск раньше называли городом-защитником, «железным» городом, а теперь называют городом-героем. В центре города вы увидите Смоленский кремль, который в прошлом защищал западные границы России. Смоленский кремль строили тысячи рабочих со всех концов России. Это строительство продолжалось семь лет. Конечно, не вся стена и не все башни сохранились до нашего времени, но и то, что можно увидеть сегодня, производит огромное впечатление.

　　Здесь, в Смоленске, Вам обязательно покажут проспект Юрия Гагарина и памятник первому космонавту. А во второй день экскурсии Вам предложат поехать в дом-музей Юрия Гагарина, который находится недалеко от Смоленска. В музее Вам расскажут о семье Гагарина, о его детстве, об учёбе, а потом и о подготовке к полёту в космос. Я же хочу Вам рассказать один случай, о котором писала мать космонавта в своей книге «Память сердца».

　　Это было в 1941 году. Шла война. В то время Юра учился в школе в первом классе. Однажды над деревней, где жила семья Гагариных, пролетел самолёт и сел недалеко от дома. Это был первый самолёт, который увидел Юра в своей жизни. Весь день до поздней ночи он с ребятами не отходил от самолёта и смотрел на лётчиков, как на героев. В тот день Юра сказал своей матери: «Мама! Я вырасту и тоже буду лётчиком!»

– Обязательно будешь! – ответила мать.

Так у деревенского мальчика родилась большая мечта. Но шла война. И ни мама, ни сын не могли себе даже представить, что через 20 лет человек впервые полетит в космос и что этим человеком будет Юра.

Дорогие друзья! Приглашаем вас на экскурсию в старинный русский город Смоленск с посещением дома-музея Юрия Гагарина.

[해석]

친애하는 청취자 여러분! 만일 여러분이 러시아 역사와 문화에 관심이 있으시다면, 여러분을 휴일 스몰렌스끄 관광에 초대합니다. 이곳은 러시아의 가장 오래된 도시 중 하나입니다. 야로슬라블, 블라지미르, 모스끄바보다도 오래된 도시입니다. 러시아에는 스몰렌스끄처럼 12~13세기의 유서깊은 건축물들을 볼 수 있는 도시가 많지 않습니다.

현대의 스몰렌스끄는 러시아 문화 중심지 중 하나입니다. 여러분이 스몰렌스끄에 오게 되면, 첫날 바로 도시의 역사적 중심지에 가게 됩니다. 스몰렌스끄 끄레믈, 고풍스런 사원들, 훌륭한 건축적, 역사적 기념비들을 보게 될 것이며, 박물관들에 가게 될 것이고, 아름다운 스몰렌스끄의 정원과 공원들에서 산책하게 될 것입니다.

스몰렌스끄는 모스끄바로부터 서쪽에 위치하고 있습니다. 과거에 이 도시는 외세로부터 수도와 전 러시아를 여러 번 지켜냈습니다. 그래서 스몰렌스끄는 과거에 수호자-도시, 〈철〉의 도시라 불리워졌으며, 지금은 영웅-도시로 불리워지고 있습니다. 도시의 중심에서 여러분은 과거에 러시아의 서쪽 국경을 지켜낸 스몰렌스끄 끄레믈을 볼 수 있습니다. 스몰렌스끄 끄레믈은 러시아 각지에서 온 수천 명의 노동자가 건설했습니다. 이 끄레믈의 건축은 7년 동안 계속되었습니다. 물론 모든 벽과 모든 탑이 지금까지 남아있는 것은 아니지만 현재 남아있는 것들은 커다란 감동을 주고 있습니다.

여기 스몰렌스끄에서 여러분은 유리 가가린 거리와 이 첫번째 우주비행사의 동상을 보게 될 것입니다. 관광의 이튿날에는 스몰렌스끄에서 멀지 않은 곳에 위치한 유리 가가린의 생가 박물관을 권해드립니다. 박물관에서는 가가린의 가족, 그의 유년기, 학업, 그리고 우주 비행을 위한 준비에 대해서 이야기해 줄 것입니다. 저는 비행사의 어머니가 자신의 책 〈마음의 기억〉에 썼던 한가지 일화를 여러분에게 이야기하고 싶습니다.

이것은 1941년의 일입니다. 전쟁 중이었습니다. 이때 유라는 초등학교 1학년생이었습니다. 어느날 가가린의 가족이 살고 있던 마을 아래에 비행기가 날아와 집과 멀지 않은 곳에 착륙했습니다. 이것이 유라가 그의 생애에서 본 첫번째 비행기였습니다. 늦은 밤까지 하루 종일 그는 아이들과 비행기에서 떠나지 않았고, 영웅을 보듯이 비행사들을 지켜보았습니다. 그날 유라는 그의 어머니에게 말했습니다: 〈엄마! 나도 커서 비행사가 되겠어요〉.

– 물론 될거야! – 어머니가 대답했습니다.

그렇게 시골 소년에게는 커다란 꿈이 싹텄습니다. 그러나 전쟁이 계속되었습니다. 엄마도 아들도 20년 후에 사람이 처음 우주에 가게 될 것이라고, 유라가 그 사람이 될 것이라고는 상상할 수 없었습니다.

청취자 여러분! 유리 가가린의 생가 박물관 방문과 더불어 러시아의 고도 스몰렌스끄 관광에 여러분을 초대합니다.

11. 이 라디오 방송의 주요 테마는 _____ 이다.
   (A) 러시아의 고대 도시들
   (Б) 스몰렌스끄 관광
   (B) 인간의 우주 여행

[정답] Б

12. 관광객들은 스몰렌스끄에 방문한다. 왜냐하면 _____ .
   (A) 거기에는 오래된 기념비들이 남아있기 때문이다
   (Б) 그것은 모스끄바에서 멀지 않기 때문이다
   (B) 이것은 거대한 현대 도시이기 때문이다

[정답] A

13. 유리 가가린의 생가 박물관은 _____ 위치해 있다.
   (A) 스몰렌스끄에서 멀지 않은 곳에
   (Б) 스몰렌스끄의 시내에
   (B) 가가린 거리에

[정답] A

14. 가가린은 그가 _____ 비행기를 처음 보았다.
   (A) 학교를 졸업했을 때
   (Б) 1학년 때
   (B) 스몰렌스끄에 살 때

[정답] Б

15. 라디오 방송의 저자들은 청취자가 _____ 원했다.
   (A) 스몰렌스끄에 대한 이야기가 맘에 들었는지를 써주기를
   (Б) 유리 가가린 어머니의 책을 읽기를
   (B) 스몰렌스끄를 관광하기를

[정답] B

(문제 16~20) 마리나와 덴의 대화인 텍스트4를 들으세요. 문제에 답하세요.

[텍스트 4의 원문]

– Привет, Дэн! Я вчера вспоминала о тебе.
– Очень приятно! А почему вдруг?
– Смотрела по телевизору передачу «Клуб путешественников», там рассказывали об Англии, показывали Лондон.
– И как тебе понравился мой родной город?
– Лондон – прекрасный город. Мне очень захотелось поехать туда и увидеть всё своими глазами. Мне вообще нравятся передачи о других странах и городах.
– Ты знаешь, Марина, а я, честно говоря, больше люблю сам ездить по разным странам, и в России уже был во многих городах.
– А в каких городах ты был?
– Я был во Владимире и Новгороде. А ещё я был в Сибири, на озере Байкал. Теперь я хочу поехать на Дальний Восток.
– Ты так много путешествуешь, у тебя, наверное, совсем нет времени смотреть телевизор.
– Да, я редко смотрю телевизор. У меня, действительно, мало свободного времени. В основном я смотрю музыкальные программы, а по воскресеньям – спортивные передачи.
– А новости? Тебе их тоже нужно смотреть, чтобы знать о событиях в мире...
– Да, конечно. Мне очень полезно слушать «Новости». Это помогает мне изучать русский язык.

[해석]

– 안녕, 덴! 어제 네 생각이 났어.
– 기분 좋네! 근데 갑자기 왜?
– 텔레비전에서 〈여행자 클럽〉이라는 방송을 봤는데, 거기에서 영국에 대해서 이야기했고, 런던을 보여줬어.
– 그래서 내 고향 도시가 얼마나 맘에 들었니?
– 런던은 아름다운 도시야. 나는 거기 가서 내 눈으로 직접 모든 것을 보고 싶어. 나는 대체로 다른 나라들과 도시들에 대한 방송을 좋아해.
– 있잖아, 마리나, 솔직히 말하자면, 나는 여러 나라들을 직접 가는 것을 더 좋아해. 러시아에서도 이미 많은 도시들을 가봤어.
– 어떤 도시들을 가봤는데?
– 블라지미르와 노브고로드에 가봤어. 시베리아, 바이깔 호수에도 가봤어. 이제 극동지역에도 가보고 싶어.
– 그렇게 여행을 많이 하니 텔레비전 볼 시간도 없겠다.
– 맞아, 난 거의 텔레비전을 보지 않아. 정말 여가 시간이 적어. 대체로 나는 음악 프로그램을 보고, 일요일에는 스포츠 프로그램을 봐.
– 뉴스는? 세계에서 일어나는 사건들에 대해 알려면 이건 봐야할텐데...
– 물론이지. 〈노보스찌(뉴스)〉를 듣는게 매우 유용해. 러시아어를 공부하는데 도움을 주거든.

16. 마리나는 무엇보다도 _____을 좋아한다.
   (А) 정보 프로그램
   (Б) 여행에 관한 방송
   (В) 음악 프로그램

[정답]   Б

17. 마리나는 런던에 가고 싶어한다. 왜냐하면 _____ .
   (А) 덴이 거기에 살기 때문이다
   (Б) 영어를 배우고 싶기 때문이다
   (В) 아름다운 도시이기 때문이다

[정답]   В

18. 덴은 _____ 것을 좋아한다.
   (А) 여행하는
   (Б) 운동하는
   (В) 텔레비전 보는

[정답]   А

19. 마리나는 덴에게 _____를 추천한다.
   (А) 여행을 더 하기
   (Б) 바이깔 호수에 가 보기
   (В) 텔레비전 뉴스 보기

[정답]   В

20. 덴은 텔레비전 뉴스가 _____ 도움이 된다고 생각한다.
   (А) 러시아어를 배우는 데
   (Б) 세계의 사건들을 알게 되는 데
   (В) 러시아의 도시들을 알게 되는 데

[정답]   А

(문제 21~25) 전화 상의 대화인 텍스트5를 들으세요. 문제에 답하세요.

[텍스트 5의 원문]

– Алло, это поликлиника?
– Да, слушаю вас.
– Здравствуйте. Можно вызвать врача на дом?
– Да, пожалуйста, а что с вами?
– У меня покраснел правый глаз и болит голова.
– А температура у вас есть?
– Нет.
– Вам нужно самому прийти в поликлинику. Дело в том, что окулист приходит на дом только в самых тяжёлых случаях.
– А сейчас он принимает?
– Да, сегодня он работает до двух часов.
– А врач примет меня, если я сейчас приеду?
– Да, конечно. Если Вы сейчас придёте, то попадёте к врачу. А если у Вас болит голова, советую Вам пойти к терапевту. Он принимает до обеда.
– Спасибо. А к нему не надо записываться на приём?
– Нет.

[해석]

– 여보세요. 병원인가요?
– 예, 말씀하십시오.
– 안녕하세요. 왕진을 요청해도 될까요?
– 예, 어디가 안 좋으시지요?
– 오른쪽 눈이 빨갛게 되었고, 머리가 아파요.
– 열은 있나요?
– 아니오.
– 직접 병원으로 오셔야 할 것 같습니다. 사실은 안과 의사 선생님은 아주 심각한 경우에만 왕진을 가십니다.
– 그러면 지금 진료하고 계십니까?
– 예, 오늘은 2시까지 진료합니다.
– 만약 지금 가면 진료받을 수 있나요?
– 예, 그럼요. 지금 오신다면 진료받을 수 있습니다. 그리고 만일 머리가 아프시다면 내과로 가는 것이 좋을 것 같습니다. 내과 의사 선생님은 오전에만 진료를 봅니다.
– 감사합니다. 내과에 가려면 진료 예약을 안 해도 되나요?
– 안 해도 됩니다.

21. 환자는 _____에 전화하고 있다.
    (A) 〈긴급 구조대〉
    (Б) 클리닉(병원)
    (B) 종합병원

[정답]　Б
[해설] поликлиника는 진료만을 행하는 병원이며, больница는 입원을 할 수 있는 병원이다.

22. 환자는 _____ 호소하고 있다.
    (A) 머리가 아프다고
    (Б) 목이 아프다고
    (B) 고열이 난다고

[정답]　A

23. 안과의사는 _____ 진료한다.
    (A) 내일 오전에
    (Б) 오늘 오후에
    (B) 오늘 오전에

[정답]　B

24. 안과의사는 _____ 왕진한다.
    (A) 전혀 (왕진하지) 않는다.
    (Б) 항상
    (B) 드문 경우에만

[정답]　B

25. 내과의사에게 진료받으러 가려면, _____ 한다.
    (A) 진료 시간에 가야
    (Б) 미리 예약해야
    (B) 의사에게 전화해야

[정답]　A

(문제 26~30) 아냐와 이고리의 대화인 텍스트6을 들으세요. 문제에 답하세요.

[텍스트 6의 원문]

– Аня! Ты сегодня вечером занята?

– Нет, а что?

– Хочешь пойти в театр на «Бориса Годунова»?

– Я много слышала об этой опере. Все очень хвалят эту постановку в Большом театре, но мне бы сейчас больше хотелось пойти на какой-нибудь балет.

– Аня! У меня билеты не в Большой театр, а в Малый. Я говорю не об опере. Спектакль «Борис Годунов» поставили совсем недавно. Это премьера. Играют известные актёры.

– А я об этом ничего не слышала. С удовольствием схожу в Малый театр. Я давно там не была. Ой, Игорь! Кажется, ничего не получится. Я вспомнила, что сегодня обещала позаниматься с братом физикой. У него скоро экзамен. Он придёт ко мне в шесть.

– А ты не можешь перенести ваше занятие на завтра?

– Я попробую договориться с ним. А где мы встретимся?

– Можно в метро. Давай на станции «Театральная».

– Лучше прямо у входа в Малый театр.

– Я буду тебя там ждать в 6 часов. Успеем до спектакля выпить кофе.

– Нет, Игорь, я смогу прийти только в половине седьмого.

– Хорошо. Договорились. Встречаемся в половине седьмого. Извинись за меня перед братом за то, что так получилось.

[해석]

– 아냐! 오늘 저녁에 바쁘니?

– 아니, 왜?

– 〈보리스 고두노프〉 보러 극장 갈래?

– 그 오페라에 대해 많이 들었어. 모두들 볼쇼이 극장에서 올린 이 작품을 칭찬하더라. 근데 난 어떤 작품이든 발레가 더 보고싶어.

– 아냐! 나한테는 볼쇼이 극장이 아니라 말르이 극장 표가 있어. 그리고 난 오페라에 대해 말하는 것이 아니야. 연극 〈보리스 고두노프〉가 얼마 전에 무대에 올려졌거든. 이번이 시연회야. 유명한 배우들이 연기해.

– 그것에 대해서는 들은 바가 없는데. 말르이 극장이라면 기꺼이 가지. 난 오랫동안 거기에 못 가봤어. 어머, 이고리! 안되겠어. 오늘 동생과 물리학 공부하기로 약속한 것이 생각났어. 곧 시험이거든. 여섯 시에 나한테 올거야.

– 너희 공부를 내일로 옮길 수 없니?

– 얘기해 볼게. 그럼 우리 어디에서 만날까?

– 지하철 역에서 만나자. 〈극장〉 역으로 하자.

– 말르이 극장 입구에서 바로 만나는 것이 나을 것 같아.

– 6시에 기다리고 있을게. 연극 시작 전에 여유있게 커피 마시자.

– 안돼, 이고리. 난 6시 반까지만 갈 수 있어.

– 좋아. 얘기 다 된거다. 6시 반에 만나자. 나 대신 동생에게 이렇게 되서 미안하다고 해줘.

26. 이고리는 아냐에게 _____ 권했다.
   (А) 오페라를 보기를
   (Б) 연극에 가기를
   (В) 발레를 보기를

[정답] Б

27. 이고리가 아냐를 초대했을 때, 그녀는 _____ .
   (А) 그와 함께 가는 것에 동의했다
   (Б) 다른 날에 가기를 권유했다
   (В) 그와 함께 가는 것을 거절했다

[정답] А

28. 이고리와 아냐는 _____에서 만나기로 했다.
   (А) 지하철 역
   (Б) 볼쇼이 극장 근처
   (В) 말르이 극장 근처

[정답] В

29. 아냐와 이고리는 _____에 만나기로 결정했다.
   (А) 5시 30분
   (Б) 6시 30분
   (В) 7시 30분

[정답] Б

30. 이고리는 아냐에게 _____를 부탁했다.
   (А) 동생에게 안부 전하기
   (Б) 동생과 물리학 공부하기
   (В) 동생에게 사과하기

[정답] В

Субтест 4. ПИСЬМО (쓰기)

〈테스트 중 지켜야 할 사항〉
- 시험 시간은 60분입니다.
- 사전을 이용할 수 있습니다.
- 시험은 두 문제로 이루어져 있습니다.

(문제 1) 여러분은 〈현대 사회에서의 여성〉이라는 문제에 관심이 있습니다. 텍스트를 읽은 후 이 문제에 대해 언급된 모든 의견들을 글로 요약하십시오. 그리고 여러분이 무엇에 동의하는지, 혹은 동의하지 않는지, 왜 그러한지 쓰십시오. 여러분의 요약은 완전하고, 논리적이고, 연관성이 있어야 합니다.

[해석]

통상 현대의 여성들은 일을 한다. 많은 이들이 일을 좋아하고 자신의 성공에 자부심을 가진다. 그러나 현재 여성들은 지나치게 많이 일을 하고 있는 것은 아닐까? 실제로 직장이 끝난 후에는 많은 시간과 노력을 요하는 가사일이 그들을 기다리고 있다.

어쩌면 여성들이 일을 갖지 않고 가사일과 자녀 교육에 전념하는 것이 낫지 않을까? 신문 〈모스끄바 뉴스〉가 이 질문을 가지고 독자들을 찾았다. 그 중 흥미로웠던 대답들이 여기 있다.

게오르기 그레치꼬, 우주비행사: 〈나의 어머니는 공장의 수석 엔지니어로 일했습니다. 나는 그녀가 퇴직한 다음 날 나에게 이렇게 말씀하신 것을 기억합니다; «처음으로 편안하게 잠을 잤구나». 그때까지 그녀는 매일 밤 공장에 무슨 일이 일어나지는 않았는지 염려했어요. 하지만 만일 누군가 어머니께 일하지 말고 집안일만 하시라고 권했다면 그녀는 동의하지 않았을 것입니다. 그녀는 자신의 공장, 자신의 일을 좋아했거든요. 물론 여성의 삶은 고단하고, 종종 아주 고단하지만, 그럼에도 불구하고 아무도 그녀가 좋아하는 일을 할 권리를 빼앗을 수는 없습니다. 내 생각에는 국가가 다음의 사실을 기억해야 합니다: 여성에게 관심과 도움이 필요하다는 사실을〉.

쇼끄랏 따드이로프, 뚜르끄메니야 과학 아카데미 근무: 〈나는 자녀 교육에 대해서 말하고 싶습니다. 이 점에 있어서 남성의 책임은 여성의 책임과 동일할 수 없습니다. 자녀 교육은 여성의 주요한 과제이어야만 합니다. 물론 가정과 남편을 돌보는 일도 마찬가지입니다. 남편은 가족 부양을 위해 돈을 벌고 있어 정말로 아내의 관심이 필요합니다. 일하는 여성들이 바로 요즘 많은 나라들에서 아이들이 그렇게 적게 태어나고 있는 주요 원인입니다. 이 외에도 일하는 여성은 경제적으로 자립하게 되는데, 이로 인해 부모들은 자주 이혼을 하고, 아이들은 아빠 없이 성장하게 되는 것입니다.〉

엘비라 노비꼬바, 국회의원: 〈여성에게 선택권이 있어야 합니다: 어디에서, 얼마나, 어떻게 일할 것인지, 일을 해야 할지 말지 자체를. 그들에게 있어서 중요한 것이 집인지, 일인지 혹은 둘 다인지에 따라 여성 스스로가 자신의 운명을 선택하도록 해야 합니다. 모든 사람을 충족시킬 하나의 행복을 찾을 필요도 없습니다. 모든 여성들이 행복에 대해 각각의 생각을 가지고 있기 때문입니다. 국가는 일하는 여성과 그 자녀를 도울 수 있는 법안들을 통과시켜야 합니다〉.

알렉세이 뻬뜨로비치 니꼴라예프, 연금생활자: 〈시대가 여성을 매우 변화시켰습니다. 아니 여성 스스로가 변화했다고 말하는 것이 나을 것입니다. 우리는 이미 여성들이 우리를 가르치고 병을 고쳐주고 있다는 사실에, 엔지니어, 경제학자, 법학자들 가운데 많은 여성이 있다는 사실에 익숙해졌습니다. 오늘

날 우리는 여성 경찰관, 정치가, 심지어 비행사들을 자주 보게 됩니다. 여성은 많은 남성적 직업들을 수행하고 있는 것 같습니다. 그렇지만 이러한 여성들이 무엇을 꿈꾸고 있는지 아시나요? 이들은 꽃다발에 대해서 꿈꾸며, 남성에게 관심받을 권리를 잃지 않고자 한다는 점입니다〉.

알렉산드르 단베르스키, 기자: 〈지금까지 모든 전쟁들, 재난들, 사회적 실험들은 남성들이 내린 결정 때문에 벌어졌습니다. 안타깝게도 중요한 문제들을 논의할 때 여성들을 초대하지 않았죠. 최근 사회학자들은 점점더 자주 21세기가 여성의 시대가 될 것이라고 이야기합니다. 왜냐하면 소위 〈남성적 가치〉(개인적 성공, 힘의 위치(지위)에 따른 문제 해결)가 여성적 가치, 즉 평화와 보편적 선에 대한 배려에 자리를 양보하고 있기 때문입니다. 만약 우리가 상황이 변화하길 원한다면 우리 남성들은 여성이 사회에서 정당한 위치를 차지할 수 있도록 도와야 합니다〉.

친애하는 독자 여러분! 우리 편집실은 당면한 이 문제에 대해 매일 수십 통씩 편지를 받고 있습니다. 이에 따라 우리는 〈현대 사회에서의 여성들〉이라는 테마에 대한 논의를 계속해 나갈 것입니다. 여러분의 편지를 기다리겠습니다.

(신문 〈모스끄바 뉴스〉의 자료 제공)

[어휘]

как правило 보통, 통상, 통례로 / гордиться + кем-чем 자랑하다, 과시하다, 자랑스러워하다 / требовать + чего 요구하다, 청구하다, 필요로 하다 / воспитание 양육, 교육 / беспокоиться + о ком-чём 괴로워하다, 근심하다, 걱정하다, 염려하다, 보살피다 / лишить + кого-что + кого-чего 빼앗다 / нуждаться + в чём 부족하다, 필요하다 / ответственность 책임 / забота 배려, 염려, 걱정, 심려 / зарабатывать 돈을 벌다 / содержание 내용, 함유물, 목차, 부양, 봉급, 유지, 경영 / естественно 자연히, 있는 그대로, 당연히, 물론 / вариант 변종, 변체, 대안 / представление 제출, 제시, 소개, 추천, 진술, 표상, 관념, 이해, 상연, 묘사 / решение 해답, 결정, 결의, 판결 / принимать решение 결정을 내리다, 결심을 하다 / овладеть/овладевать + кем-чем 차지하다, 점유하다, 사로잡다, 획득하다, 습득하다 / катастрофа 변동, 참사, 사고, 파국 / так называемый 소위, 이른바 / уступить/уступать + что + кому 양보하다, 양도하다, 깎아주다 / благополучие 무사, 안녕, 부유, 행복 / достойный + чего ~의 가치가 있는, 당연한, 정당한, 훌륭한, 존경할 만한 / редакция 교정, 감수, 편집국, 편집자

[예시 답안 1]

 Эта статья о современных женщинах. Сейчас женщины много работают и гордятся своими успехами. Но женщина должна ещё заниматься домом и воспитанием детей. Что же важнее?

 Некоторые люди считают, что женщина может работать. Например, Георгий Гречко, лётчик-космонавт, рассказывает, что его мама очень любила свою работу и не могла жить без неё. Он считает, что женщина может работать, если она сама этого хочет. Но государство должно заботиться о женщинах и помогать им.

 Шократ Тадыров же считает, что женщина должна заботиться о доме, детях и муже. Он говорит, что если женщина работает, то она не спешит рожать детей. Она зарабатывает деньги и становится независимой, это может привести к разводу.

 Интересно мнение сильной и независимой женщины. Эльвира Новикова, депутат Государственной думы, считает, что женщина должна сама делать выбор. Все женщины разные и у них есть своё представление о счастье. Я абсолютно согласна с этим мнением. Все люди разные и нельзя придумать идеальное правило жизни, которое понравится всем женщинам и всем мужчинам.

Сейчас журналисты много пишут о том, что женщины больше не сидят дома, они занимают высокие должности и выполняют ответственную работу. Но женщины сохраняют свои «женские ценности»: заботу о мире и общем благополучии. И если женщины займут в мире достойное место, то, возможно, мир будет лучше и добрее.

[예시 답안 2]

Проблема женщины в современном мире очень важна. Дело в том, что женщины сильно изменились. Они уже не хотят сидеть дома и заниматься домашним хозяйством. Многие женщины работают и сами зарабатывают деньги. Что думают об этой проблеме читатели газеты «Московские новости»?

Георгий Гречко рассказывает, что его мама работала на заводе. Её работа была очень трудной, но она любила свой завод и не согласилась бы оставить работу. Георгий Гречко считает, что женщина может работать, если она сама этого хочет.

Шократ Тадыров считает, что главная задача женщины – это воспитание детей, забота о муже и доме. Мужчины много работают и хотят, чтобы дома их ждала внимательная жена, которая всё своё время уделяет семье. Я согласен с этим мнением, так как в современном мире женщина думает о работе больше, чем о семье. Дом, муж и дети занимают далеко не главное место в жизни женщины, это часто приводит к разводам. Я считаю, что женщина может заниматься тем, что ей нравится, но она не должна тратить всё своё время только на работу.

Но вот Эльвина Новикова, депутат государственной думы, считает, что женщина должна сама решать, что для неё лучше. Если работа и карьера для неё важны, то она может работать.

Социологи говорят, что XXI век будет веком женщины. На первом месте будут «женские ценности»: забота о мире и общем благополучии. Это очень хорошо, поэтому мужчины должны помочь женщинам занять в обществе достойное место.

Проблема современной женщины очень трудная, есть много разных мнений. Я считаю, что женщина может работать, если она хочет и ей это нравится, но она не должна забывать о семье и уделять как можно больше внимания дому, мужу и детям, ведь именно от благополучия семьи зависит будущее людей.

(문제2) 러시아에서 여러분은 한 아가씨(청년)와 알게 되었고, 그녀를(그를) 고국의 집으로 초청하고자 합니다 그녀(그)에 대해서 부모님들에게 편지를 쓰십시오. 편지에 디음의 사항들을 알리십시오.

- 그녀(그)의 이름은 무엇입니까?
- 그녀(그)는 어떻게 생겼습니까?
- 그녀(그)의 성격은 어떻습니까?
- 그녀(그)는 무엇에 관심이 있습니까?
- 그녀(그)의 직업은 무엇입니까? 학생입니까, 직장인입니까? 어디에서 공부하거나 일합니까?
- 그녀(그)의 가족은 어떠합니까? 그녀(그)의 부모님은 어디에서 삽니까?
- 그녀(그)는 어떠한 외국어를 압니까?

– 그녀(그)의 여름 계획은 어떻습니까?

여러분의 편지는 20문장 이상을 포함하고 있어야 합니다.

[예시 답안 1]

Здравствуйте, папа и мама!

В России у меня есть очень хорошая подруга. Её зовут Мария. Она учится со мной в одном университете, но на факультете восточных языков. Она изучает иностранные языки и хорошо говорит по-английски и по-корейски.

У Марии очень хороший и мягкий характер. Она всегда заботится о людях. Когда я приехала в Россию, она очень помогала мне.

Мария – интересный человек. Она увлекается историей и много знает об истории России. Мне интересно разговаривать с ней о культуре и истории России. Она много рассказывает мне о традициях и русских людях.

Мария даже познакомила меня со своей семьёй. У неё есть папа, мама и младший брат. Её папа работает в банке. Её мама не работает, она домохозяйка. Дело в том, что младший брат Марии ещё маленький, ему только 6 лет, поэтому мама должна сидеть дома с ним. В следующем году её брат пойдет в школу.

Мария очень любит путешествовать. Она никогда не была в Корее. Я хочу пригласить её к нам в гости этим летом, познакомить с нашей семьёй и показать страну.

Я уверена, что вам очень понравится моя русская подруга.

Пока. Целую.
Хана.

[예시 답안 2]

Здравствуйте, папа и мама!

У меня все хорошо. Я каждый день изучаю русский язык, много путешествую по России и у меня уже много русских друзей.

Моего лучшего друга зовут Сергей. Он тоже студент и изучает иностранные языки. Он уже хорошо говорит по-английски и по-французски. Сергей очень любит путешествовать, он уже был в Китае, Америке, Канаде и Англии. У него хороший характер и приветливое лицо, поэтому он быстро находит друзей.

Сергей уже познакомил меня со своей семьёй. Его папа и мама врачи, а брат сейчас учится в университете. Он изучает математику. Я приезжал к ним на ужин. Его мама хорошо готовит, она приготовила вкусный борщ и котлеты. Мне очень нравится русская еда. После ужина мы много разговаривали о России и смотрели русский фильм «Брат».

Вы знаете, что я очень люблю театр. Сергей тоже любит театр, особенно ему нравится балет. Мы вместе ходили в Большой театр на балет «Лебединое озеро». Мне очень понравился этот балет.

В этом году Сергей хочет поехать в Корею, чтобы посмотреть нашу страну и познакомиться с традициями и людьми. Я пригласил моего друга к нам домой, чтобы он познакомился с корейской семьёй и попробовал настоящую корейскую еду.

Я очень надеюсь, что вам понравится мой друг.

Пока, целую.
Нури.

Субтест 5. ГОВОРЕНИЕ (말하기)

〈테스트 중 지켜야 할 사항〉
- 시험 시간은 60분입니다.
- 시험은 4 문제로 이루어져 있으며, 총 13 문항입니다.
- 3번과 4번 문제는 사전을 이용할 수 있습니다.
- 여러분의 답변은 녹음됩니다.

[문제 1 – 유의 사항]
- 시험 시간은 5분입니다.
- 시험은 준비 시간 없이 진행됩니다.
- 대화에 참여하세요. 시험 감독관의 질문을 듣고 대답하세요. 만일 대답할 수 없다면 시간을 지체시키지 말고 다음 질문을 들으세요.
- 완전한 문장으로 답하세요('예', '아니오', 또는 '모릅니다' 라는 대답은 완전한 문장으로 간주하지 않습니다).

문제 1 (1~5) 대화에 참여하여 질문에 알맞은 대답을 하세요.

1. 나는 당신의 친구를 오랫동안 보지 못했어요. 그는 지금 어디에 있죠? 뭐하고 있죠?

[예시 답안]
1) Андрей нашёл новую работу. Теперь он работает в торговой компании.
   (안드레이는 새 직장을 구했어요. 지금 무역회사에서 일하고 있어요.)
2) Мой друг женился, месяц назад у него родился сын.
   (내 친구는 결혼해서 한 달 전 아들을 낳았답니다.)
3) У него все хорошо. Он купил новую квартиру и переехал в другой район.
   (그 친구는 잘 지내고 있어요. 새 아파트를 사서 다른 동네로 이사했답니다.)

2. 당신은 러시아에서 어떠한 기념품을 가져오고 싶으세요?

[예시 답안]
1) Матрёшку, конечно. Я думаю, она очень понравится моей жене.
   (물론 마뜨료쉬까죠. 난 내 아내가 이걸 좋아할 거라고 생각해요)
2) Самовар. Я был в Туле и купил настоящий русский самовар.
   (사모바르요. 내가 뚤라에 갔을 때 진짜 러시아 사모바르를 샀거든요.)

3) Балалайку. Это традиционный русский музыкальный инструмент. Мне очень нравится, как она звучит.
(발랄라이까요. 이건 러시아 전통 악기예요. 소리가 너무 맘에 들어요.)

3. 죄송합니다만, 시내를 보고 싶어요. 먼가요? 여기에서 시내까지 어떻게 가야 하나요?

[예시 답안]

1) Нет, это недалеко. Вам нужно сесть на автобус №5 и проехать три остановки.
(아니오. 멀지 않아요. 5번 버스를 타고 세 정거장 가세요.)
2) Это очень близко. Вам нужно ехать прямо по этой улице до первого светофора, а потом повернуть налево.
(매우 가까워요. 이 길을 따라 첫번째 신호등까지 직진하세요. 그 다음 좌회전 하세요.)
3) Это достаточно далеко. Сначала вам нужно доехать на втором автобусе до метро, а потом на метро до станции «Лубянка».
(좀 멀어요. 먼저 2번 버스를 타고 지하철까지 가세요. 그 다음 루뱐까 역까지 지하철로 가세요.)

4. 나는 기념품을 사고 싶은데, 오늘은 일요일이네요. 이 도시에서 가게들은 일요일 언제 문을 닫는지 말해 주세요.

[예시 답안]

1) Вам надо спешить. Магазины в воскресенье закрываются в три часа дня.
(서두르세요. 일요일에는 세 시에 문을 닫아요.)
2) В центре города магазин сувениров работает до пяти вечера.
(시내에서 기념품 가게는 5시까지 일해요.)
3) Они закрываются в четыре часа. Вы успеете.
(네 시에 문을 닫아요. 여유가 있네요.)

5. 여기 어디에서 값싸고 맛있게 저녁 식사를 할 수 있는지 알고 계시나요?

[예시 답안]

1) На углу есть ресторан, там русская кухня. Очень вкусно и недорого.
(코너에 레스토랑이 있는데, 거기에 러시아 음식이 있어요. 매우 맛있고 비싸지 않아요.)
2) В студенческой столовой на втором этаже хорошо готовят.
(2층에 있는 학생 식당이 음식을 잘 해요.)
3) Вы можете пойти в кафе, которое находится напротив университета, там есть суп, вкусное мясо и рыба.
(대학교 맞은 편에 있는 식당으로 가 보세요. 거기엔 스프와 맛있는 고기와 생선 요리가 있어요.)

[문제 2 – 유의 사항]

- 시험 시간은 8분입니다.
- 시험은 준비시간 없이 진행됩니다. 5개의 대화에 참여하세요. 상황을 이해한 후, 제시된 문제를 해결할 수 있도록 대화를 시작하세요. 만일 상황 중 하나가 어렵다고 생각되면 다음 상황으로 넘어가세요.

문제 2(6~10) 상황에 대한 진술을 읽으세요. 대화를 시작하세요.

6. 당신은 호텔의 당신 방이 맘에 들지 않습니다. 방을 바꾸고자 합니다. 관리 담당자에게 어떠한 방을 원하는지, 왜 그러한지 설명하세요.

[예시 답안]

1) Извините, мне не нравится моя комната. Там плохо работает душ. Могу я поменять её?
(죄송한데, 제 방이 맘에 들지 않아요. 샤워기가 작동이 잘 안되요. 방을 바꿔주실 수 있나요?)

2) Моя комната находится на солнечной стороне, поэтому днём там очень жарко. Могу я поменять комнату?
(내 방은 햇빛 드는 쪽에 있어서 낮에 너무 더워요.. 방을 바꿔 주실 수 있나요?)

3) Я хочу поменять комнату, потому что моя комната очень маленькая и в ней нет холодильника. Это возможно?
(방을 바꾸고 싶어요. 왜냐하면 내 방은 너무 작고 냉장고가 없어요. 가능한가요?)

7. 당신의 러시아 친구가 겨울에 당신 나라에 가려고 계획하고 있습니다. 그에게 당신 나라의 그 계절 날씨에 대해 이야기 하세요. 어떠한 옷을 가져가야 할지 권해 주세요.

[예시 답안]

1) В Корее не очень холодная зима. Температура около нуля. Но, на всякий случай, возьмите пальто и шапку.
(한국의 겨울은 그렇게 춥지 않아요. 기온이 0도 안팎이에요. 하지만 만약을 대비해서 외투와 모자를 가져가세요.)

2) В Корее не очень холодно зимой, в Сеуле почти не бывает снега. Но ветер очень холодный. Возьмите куртку.
(한국은 겨울에 그렇게 춥지 않고, 서울에는 거의 눈이 안 와요. 하지만 바람은 차가워요. 점퍼를 가져가세요.)

3) Зимой в Корее холодно и очень сухо. В горах температура минус 30 градусов. Вам надо взять тёплые вещи.
(한국은 겨울에 춥고 매우 건조해요. 산은 영하 30도 정도에요. 따뜻한 옷을 가져가세요.)

8. 당신은 러시아에 가고자 합니다. 당신은 비자를 받기 위해 대사관에 왔습니다. 대사관 직원에게 당신이 가고자 하는 도시와 여행목적에 대해 설명하세요.

[예시 답안]

1) Здравствуйте. Я хочу поехать в Россию. Я планирую учиться в Московском университете. Что необходимо для оформления студенческой визы?
(안녕하세요. 저는 러시아에 가려고 해요. 모스끄바 대학으로 유학을 준비 중이예요. 학생 비자를 만들려면 무엇이 필요한가요?)

2) Здравствуйте. Мне нужно оформить деловую визу в Россию. Какие документы для этого понадобятся?
(안녕하세요. 저는 러시아 상용 비자를 만들어야 해요. 어떠한 서류가 필요한가요?)

3) Здравствуйте. Я хочу поехать в Россию. Я хочу посетить Москву, Санкт-Петербург и Нижний Новгород. Как я могу оформить туристическую визу?
(안녕하세요. 저는 러시아로 가고 싶어요. 모스끄바와 뻬쩨르부르그와 니즈니 노브고로드를 방문하려고 해요. 관광 비자를 어떻게 만들어야 하죠?)

9. 당신은 맘에 드는 책을 읽었습니다. 당신의 친구에게 그 책을 읽으라고 권유하고 왜 그런지 설명하세요.

[예시 답안]

1) Я прочитал очень интересную книгу о Москве. Я знаю, что ты скоро собираешься поехать в Россию. Советую тебе тоже прочитать её.
(러시아에 관한 재미있는 책을 읽었어. 네가 곧 러시아에 가려고 준비하고 있다는 걸 알아. 이 책을 읽어 봐.)

2) Я знаю, что ты увлекаешься фотографией. Я прочитал очень интересную книгу, в которой рассказывается об истории фотографии. Советую тебе тоже прочитать её.
(사진에 빠져 있다면서. 사진의 역사에 대한 재미있는 책을 읽었는데, 너도 읽어 봐.)

3) Я хочу посоветовать тебе эту книгу, в ней очень интересно написано о культуре России.
(이 책을 너에게 권해 주고 싶어. 러시아 문화에 대해 흥미롭게 쓰여졌어.)

10. 당신은 여행을 가려고 여행사에 갔습니다. 어디로 가고 싶은지를 설명하고, 당신이 관심 있는 것(교통수단, 출발 시간과 여행 시간, 숙박 조건, 여행 비용)에 대한 모든 것을 알아보세요.

[예시 답안]

1) Здравствуйте, я хочу поехать на экскурсию по «Золотому кольцу» России. Скажите, пожалуйста, сколько длится эта экскурсия? Какие города мы будем посещать? И сколько это стоит?
(안녕하세요. 저는 러시아의 〈황금고리〉 지역을 여행하려고 해요. 황금 고리 투어는 얼마가 걸리나요? 어떤 도시들을 방문하게 되나요? 가격은 얼마인가요?)

2) Здравствуйте. Я хочу поехать на экскурсию в Санкт-Петербург. Скажите, у вас есть экскурсии на три дня? В каком отеле там можно остановиться? Сколько стоит такая экскурсия?
(안녕하세요. 저는 뻬쩨르부르그로 여행을 가려고 해요. 3박 코스로 된 여행상품이 있나요? 어떤 호텔에서 묵게 되나요? 가격은 얼마인가요?)

3) Здравствуйте. Студенты нашего университета хотят поехать на экскурсию в Московский Кремль. Скажите, пожалуйста, можно ли заказать групповую экскурсию?
(안녕하세요. 우리 학교 학생들이 끄레믈로 투어를 하려고 해요. 그룹 투어를 예약할 수 있나요?)

[문제 3, - 유의 사항]

- 시험 시간은 25분(준비-15분, 답변-10분)입니다.
- 문제 준비 시 사전을 이용할 수 있습니다.

문제 3 (11~12). 유명한 화가 이고르 엠마누일로비치 그라바리가 위대한 러시아 작곡가 **뾰뜨르 일리치 차이꼽스끼**와의 만남에 대해 쓴 이야기를 읽은 후, 내용을 간략하게 전달하세요.

[텍스트 해석]

차이꼽스끼와의 만남

    나는 위대한 사람과의 한 번의 만남이 나의 인생에서 얼마나 커다란 역할을 했는지 이야기 하고 싶다.
    18살 때 나는 뻬쩨르부르그로 가서 대학에 입학했다. 나는 언제나 음악을 매우 좋아했다. 내가 좋아하는 작곡가는 뾰뜨르 일리치 차이꼽스끼였다. 그래서 시간이 나면 자주 오페라 극장에 가서 차이꼽스끼의 모든 오페라와 발레들을 즐겨 보곤 했다.
    어느 날 나의 친구들은 나를 어떤 가족의 집에 초대했다. 이 집의 여주인은 훌륭한 여가수였고, 콘서트에서 자주 공연을 했다. 나는 기꺼이 그들에게 갔다. 이것은 나에게 있어서 행복한 파티가 되었는데, 왜냐하면 바로 그 파티에 뾰뜨르 일리치 차이꼽스끼가 손님으로 왔던 것이다. 집의 여주인은 그의 오페라에 나오는 아리아들을 불렀다. 뾰뜨르 일리치는 그녀의 노래를 좋아했다. 차이꼽스끼는 매우 부드럽고, 소박하게 말했고, 모두가 주의깊게 그의 말을 들었다. 음악, 문학, 예술에 관한 재미있는 대화가 시작되었다.
    늦은 저녁에 우리는 차이꼽스끼와 함께 집에서 나왔다. 그는 내가 어디에서 사는지 물었다. 내가 그의 집에서 멀지 않은 곳에 산다는 것을 안 그는 나에게 걸어서 갈 것을 제안했다. 나는 기뻤다. 위대한 작곡가와 인사를 나누었을 뿐만 아니라 걸어 가는 동안 그와 이야기를 나눌 수 있게 된 것이다.
    우리는 네바 강의 강변로를 따라 걸었다. 달빛이 아름다운 밤이었다. 먼저 우리는 말없이 걸었다. 그 다음 뾰뜨르 일리치가 나에게 물었다:
- 나는 자네가 화가가 되기를 원한다고 들었네. 이것이 사실인가?
- 예, - 나는 대답했다.

우리는 잠시 침묵했다가 내가 그에게 질문했다:
- 뾰뜨르 일리치, 천재들은 마치 누군가 그들을 돕고 있는 듯 쉽고 자유롭게 일하는 순간에만 창작을 하고 곡을 쓰고 그림을 그린다고 합니다. 일반적으로 영감이 그들에게 찾아왔을 때 말이죠. 선생님은 이 점에 대해서 어떻게 생각하십니까?
- 오, 젊은이, 바보 같은 소리 하지 말게! 영감을 기다려서는 안된다네. 무엇보다도 노력, 노력, 그리고 노력이 필요하다네! 영감을 기다리지 말고 진지하게 일하고 매일 노력해야 해. 기억하게, 젊은이, 영감 하나로는 충분치 않네. 천재나 매우 재능 있는 사람도 노력하지 않는다면 아무 것도 얻을 수 없고, 의미 있는 어떤 일도 할 수가 없지. 이를테면, 나는 내가 가장 평범한 사람이라고 생각하네.

나는 그의 생각에 동의할 수 없고, 그와 논쟁하고 싶었으나, 그는 나를 멈춰 세우고 계속해서 말했다:
- 아니, 아니, 논쟁하지 말게, 내가 알고 있는 걸 말할 뿐이야. 젊은이, 자네에게 평생 동안 이 점을 기억하라고 권하고 싶네. 영감은 진지하게 열심히 일하는 자에게만 온다는 것을, 영감은 노력하는 가운데, 노력으로부터만 탄생된다는 것을 말이네. 나는 매일 아침 8시나 9시에 일하고 음악을 쓰기 시작한다네. 만일 오늘 쓴 것이 내 맘에 들지 않는다면 내일 다시 쓸걸세. 처음부터 다시 쓸거야. 그렇게 하루, 이틀, 열흘을 쓴다네. 자네는 재능있고 게으른 사람보다 더 많이 더 잘 할 수 있게 될걸세.

- 그러니까, 선생님은 전혀 재능이 없거나 전혀 능력이 없는 사람은 없다고 생각하시나요?
- 나는 그런 사람은 그렇게 많지 않다고 생각하네. 그렇지만 일하기 싫어하고 일을 할 줄 모르면서 오늘은 영감이 없다고 말하는 사람들은 매우 많지.

우리가 차이꼽스끼가 사는 집 근처에 멈춰 섰을 때, 나는 나를 매우 동요시켰던 한가지 질문을 더 하기로 결심했다.

- 나는 선생님의 의견에 동의합니다, 뾰뜨르 일리치. 자신을 위해서, 자신의 열망에 의해서 하는 일은 좋습니다. 하지만 만약 주문을 받아 써야 하는 것처럼 의무적으로 창작할 때는 어떻게 합니까? 주문받은 것을 창작할 때는 대체 무엇에 대한 대가로 돈을 받아야 합니까?

나는 이러한 질문을 던졌다. 왜냐하면 나 자신에 대해서, 그 당시 주문에 의해서만 제작하였던 나의 작품에 대해서 생각했기 때문이었다.

- 나 역시 자주 주문을 받아 작업을 한다네.
- 차이꼽스끼는 대답했다.
- 이것 역시 나쁘지 않네, 때때로 자신의 열망에 따라 일할 때보다 심지어 더 나은 결과가 나오기도 하지. 위대한 모짜르트를 기억해 보게. 그는 자주 주문을 받아 음악을 썼네. 혹은 미켈란젤로, 라파엘 같은 화가들을... 그들 역시 주문을 받아 그렸지.

우리는 헤어졌다. 차이꼽스끼는 떠났다. 나는 집으로 왔다. 나는 오면서 차이꼽스끼가 내게 했던 말들에 대해 생각했다. 뾰뜨르 일리치의 말은 내가 인생에서 나 자신의 길을 찾는 것을 도와 주었다.

[예시 답안 1]

Этот рассказ о встрече художника И.Грабаря с композитором Петром Ильичем Чайковским.

Они встретились в гостях у одной певицы. Грабарю было только восемнадцать лет. Когда вечер у певицы закончился, Чайковский и Грабарь вышли из дома и решили немного прогуляться. Грабарь был очень рад, что познакомился с великим русским композитором.

Они говорили о вдохновении. Грабарь считал, что художник должен работать, когда к нему приходит вдохновение. Тогда он работает легко и свободно. Но Чайковский не согласился. Он сказал, что самое главное – это труд! Даже великий гений должен много трудиться! Чайковский сказал, что он считает себя обычным человеком. Просто он каждый день много работает. Он просыпается в восемь утра и начинает писать музыку. Если у него получается плохо, то он делает эту работу ещё раз. Вдохновение приходит к нему, когда он много трудится.

Чайковский также считает, что абсолютно неталантливых людей нет. Есть очень много людей, которые не хотят много работать. Чайковский сказал, что работать на заказ – это не проблема. Очень многие великие люди делали работу на заказ: Моцарт, Микеланджело, Рафаэль.

Этот разговор изменил жизнь художника Грабаря. Он стал много трудиться и добился успеха.

11. Как вы думаете, какую роль сыграла встреча с Чайковским в жизни молодого художника?
차이꼽스끼와의 만남이 젊은 화가의 인생에서 어떠한 역할을 했다고 생각합니까?

– Я думаю, что эта встреча помогла молодому художнику добиться успеха в жизни. Он начал много трудиться и стал известным.

12. Согласны ли вы со словами Чайковского? Почему?

당신은 챠이꼽스끼의 말에 동의하십니까? 왜 그렇습니까?

— Да, я согласен со словами Чайковского. Я считаю, что если человек трудится много и каждый день, то он будет развивать свой талант, и его работы (картины, музыка, стихи) будут лучше.

[예시 답안 2]

Этот рассказ о встрече художника Грабаря с композитором Чайковским. Когда они познакомились, Грабарю было только 18 лет, а Чайковский был уже очень известным композитором.

Они встретились на вечере у одной певицы. Когда вечер закончился, они пошли домой. По дороге они говорили о том, как должен работать талантливый человек.

Грабарь считал, что талантливые люди должны ждать вдохновения. Тогда они могут работать хорошо и легко. Но Чайковский сказал, что вдохновение приходит, когда человек много работает.

Даже очень талантливый человек должен много трудиться. Он, например, каждый день начинает работать в 9 часов утра. Если ему не нравится музыка, которую он написал, он делает работу снова.

Грабарь очень волновался, что ему надо работать на заказ. Но Чайковский сказал, что это неплохо. Великие гении, например Рафаэль и Моцарт, тоже работали на заказ.

Этот разговор очень сильно изменил жизнь Грабаря.

11. 챠이꼽스끼와의 만남이 젊은 화가의 인생에서 어떠한 역할을 담당했다고 생각합니까?

— Я думаю, что это была очень важная встреча для Грабаря. Она помогла ему понять, что надо много работать. Только талант не может сделать человека известным. Он начал много работать и добился успеха.

12. 당신은 챠이꼽스끼의 말들에 동의하십니까? 왜 그렇습니까?

— Да. Я считаю, что все люди талантливые. Но этот талант надо развивать. Нужно работать каждый день. Тогда вы добьётесь успеха.

[문제 4 – 유의 사항]

- 문제 수행 시간은 20분(준비 10분, 답변 10분)입니다.
- 제시된 주제에 대한 이야기를 준비해야 합니다.
- 이야기의 계획을 짤 수 있지만 자신의 이야기를 읽을 수는 없습니다.

문제 4. 당신은 초대받아 갔다가 젊은 사람들과 인사를 나누었는데, 그 사람들은 당신에게 자신의 여가 시간을 친구들과 어떻게 보내는지 이야기했습니다. 당신 역시 자신의 흥미, 취미, 여가 시간을 어떻게 보내는지에 대해 이야기하십시오.

– 어디에서 공부하는지(일하는지), 학업(직장 생활) 후 여가 시간이 있는지;
– 무엇에 관심이 있는지, 그 관심은 어떻게, 언제, 왜 나타나게 되었는지;
– 여가 시간에 무엇을 하는지;
– (집에서, 교외에서, 까페에서, 디스코텍에서 등) 어떻게 쉬는 것을 더 좋아하는지;
– 극장, 회화, 음악, 춤, 컴퓨터 게임 등을 좋아하는지;

20문장 이상으로 이야기를 구성하십시오.

[예시 답안 1]

  Я учусь в университете на факультете иностранных языков. Изучаю английский, немецкий и французский языки. После учёбы у меня есть свободное время. Я стараюсь проводить его интересно.
  Я увлекаюсь фотографией, поэтому я часто гуляю по городу и делаю интересные снимки. Я читаю много книг по истории фотографии, изучаю работы известных фотографов. В этом году я даже пошёл на курсы фотографии.
  Этот интерес появился у меня, когда я начал путешествовать по разным странам. Во время путешествий я видел много интересных вещей, которые мне очень хотелось сохранить в памяти и показать друзьям.
  Но больше всего мне нравится фотографировать людей. Все люди очень разные. Ни один портрет не может быть похож на другой.
  Мне кажется, что фотография – это искусство. Я надеюсь, что у меня это получается хорошо.
  Еще я увлекаюсь музыкой. Мне очень нравится классическая музыка. Я люблю Моцарта, Бетховена, Шопена. Я люблю играть на пианино и просто слушать музыку. Я часто хожу в филармонию на концерты классической музыки.
  Когда ты чем-то увлекаешься, это делает твою жизнь очень интересной.

  저는 대학의 외국어 학부에 다니고 있습니다. 영어, 독어, 불어를 공부합니다. 수업 후에는 여가 시간이 있습니다. 저는 여가시간을 재미있게 보내려고 노력합니다.
  저는 사진을 좋아해서 자주 도시들을 다니며 재미있는 사진을 찍습니다. 사진의 역사에 관한 많은 책을 읽고, 유명한 사진 작가들의 작품들을 공부합니다. 올해에는 사진 학원에 다녔습니다.
  이러한 흥미는 제가 여러 나라를 여행하면서 생겼습니다. 여행하는 동안 저는 기억에 담고 싶고, 친구들에게 보여주고 싶은 많은 흥미로운 것을 보았습니다.
  그러나 무엇보다도 사람들을 찍는 것이 가장 흥미롭습니다. 사람들은 다양하니까요. 어떤 초상도 다른 것과 유사할 수 없습니다.
  제 생각에 사진은 하나의 예술입니다. 나도 사진을 잘 찍게 되길 바랍니다.
  또한 저는 음악을 좋아합니다. 저는 클래식 음악을 매우 좋아합니다. 저는 모짜르트, 베토벤, 쇼팽을 좋아합니다. 저는 피아노 치는 것을 좋아하고, 음악 듣는 것을 좋아합니다. 저는 자주 클래식 콘서트를 보려고 공연장을 찾습니다.
  누군가 무엇을 좋아할 때 이것은 삶을 흥미롭게 만들어 줄 수 있을 것입니다.

[예시 답안 2]

Я хочу рассказать вам немного о себе. Я учусь в университете на факультете экономики. Но мне очень нравится изучать иностранные языки. Я считаю, что это очень важно в наше время. Я изучаю английский и русский. Но я планирую ещё изучать испанский язык.

В свободное время я люблю путешествовать. Я уже был в России, Китае, Японии, Испании и Англии. Мне очень нравится ездить в разные страны и встречать интересных людей. Общение с людьми из разных стран очень помогает мне в изучении языков.

Ещё я очень люблю музыку. Поэтому в каждой стране я хожу на концерты традиционной музыки. Особенно мне нравится испанская музыка. Дело в том, что я люблю танцевать латинские танцы. Это очень интересно. Особенно я люблю самбу. Это очень красивый танец. Его часто называют «танцем любви».

Я не люблю сидеть дома, поэтому у меня много увлечений. И мне никогда не бывает скучно.

나 자신에 대해 이야기하고 싶습니다. 저는 대학의 경제학부에서 공부하고 있습니다. 그러나 외국어 공부하는 것을 좋아합니다. 제 생각에는 이것이 현 시점에서 중요하다고 생각합니다. 저는 영어와 러시아어를 배우고 있습니다. 그러나 스페인어를 더 배우려고 계획하고 있습니다.

여가 시간에 저는 여행하는 것을 좋아합니다. 저는 이미 러시아, 중국, 일본, 스페인, 영국에 가 보았습니다. 저는 여러나라를 여행하고 재미있는 사람들을 만나는 것을 좋아합니다. 여러 나라의 사람들과 대화하는 것은 외국어를 공부할 때 도움을 줍니다.

또 음악을 좋아합니다. 그래서 각 나라에 갈 때마다 민속 음악 콘서트에 갑니다. 특히 스페인 음악이 맘에 들었습니다. 사실 저는 라틴 댄스를 좋아합니다. 이것은 매우 재미있습니다. 특히 삼바를 좋아합니다. 이것은 매우 아름다운 춤입니다. 자주 〈사랑의 춤〉이라고 부르지요.

저는 집에 있는 것을 좋아하지 않아서 제게는 취미가 많습니다. 그래서 거의 지루하지 않습니다.

Типовой тест по русскому языку как иностранному • ТРКИ-1

СУБТЕСТ 1. ЛЕКСИКА.ГРАММАТИКА
РАБОЧАЯ МАТРИЦА

Имя, фамилия _____ **Страна** _____ **Дата** _____

МАТРИЦА NO.1

1	А	Б		
2	А	Б		
3	А	Б		
4	А	Б		
5	А	Б		
6	А	Б		
7	А	Б		
8	А	Б		
9	А	Б	В	
10	А	Б	В	
11	А	Б	В	
12	А	Б	В	
13	А	Б	В	
14	А	Б	В	
15	А	Б	В	
16	А	Б	В	
17	А	Б	В	
18	А	Б	В	
19	А	Б	В	
20	А	Б	В	

МАТРИЦА NO.2

21	А	Б	В	
22	А	Б	В	
23	А	Б	В	
24	А	Б	В	
25	А	Б	В	
26	А	Б	В	
27	А	Б	В	
28	А	Б	В	
29	А	Б	В	
30	А	Б	В	
31	А	Б	В	Г
32	А	Б	В	Г
33	А	Б	В	Г
34	А	Б	В	Г
35	А	Б	В	Г
36	А	Б	В	Г
37	А	Б	В	Г
38	А	Б	В	Г
39	А	Б	В	Г
40	А	Б	В	Г

절취선을 따라 잘라서 사용하세요

답안지

Типовой тест по русскому языку как иностранному • ТРКИ-1

МАТРИЦА NO.3

41	А	Б	В	Г
42	А	Б	В	Г
43	А	Б	В	Г
44	А	Б	В	Г
45	А	Б	В	Г
46	А	Б	В	Г
47	А	Б	В	Г
48	А	Б	В	Г
49	А	Б	В	Г
50	А	Б	В	Г
51	А	Б	В	Г
52	А	Б	В	Г
53	А	Б	В	Г
54	А	Б	В	Г
55	А	Б	В	Г
56	А	Б	В	Г
57	А	Б	В	Г
58	А	Б	В	Г
59	А	Б	В	Г
60	А	Б	В	Г
61	А	Б	В	Г
62	А	Б	В	Г
63	А	Б	В	Г
64	А	Б	В	Г
65	А	Б	В	Г

МАТРИЦА NO.4

66	А	Б	В	Г
67	А	Б	В	Г
68	А	Б	В	Г
69	А	Б	В	Г
70	А	Б	В	Г
71	А	Б	В	Г
72	А	Б	В	Г
73	А	Б	В	Г
74	А	Б	В	Г
75	А	Б	В	Г
76	А	Б	В	Г
77	А	Б	В	Г
78	А	Б	В	Г
79	А	Б	В	Г
80	А	Б	В	Г
81	А	Б	В	Г
82	А	Б	В	Г
83	А	Б	В	Г
84	А	Б	В	Г
85	А	Б	В	Г
86	А	Ь	В	Г
87	А	Б	В	Г
88	А	Б	В	Г
89	А	Б	В	Г
90	А	Б	В	Г

Типовой тест по русскому языку как иностранному • ТРКИ-1

МАТРИЦА NO.5

91	А	Б		
92	А	Б		
93	А	Б		
94	А	Б		
95	А	Б		
96	А	Б		
97	А	Б		
98	А	Б		
99	А	Б		
100	А	Б		
101	А	Б		
102	А	Б		
103	А	Б		
104	А	Б		
105	А	Б		
106	А	Б		
107	А	Б		
108	А	Б		
109	А	Б		
110	А	Б		
111	А	Б		
112	А	Б		
113	А	Б		
114	А	Б		
115	А	Б		

МАТРИЦА NO.6

116	А	Б		
117	А	Б		
118	А	Б		
119	А	Б	В	
120	А	Б	В	
121	А	Б	В	
122	А	Б	В	
123	А	Б	В	
124	А	Б	В	
125	А	Б	В	
126	А	Б	В	
127	А	Б	В	
128	А	Б	В	
129	А	Б	В	Г
130	А	Б	В	Г
131	А	Б	В	Г
132	А	Б	В	Г
133	А	Б	В	Г
134	А	Б	В	Г
135	А	Б	В	Г
136	А	Б	В	Г
137	А	Б	В	Г
138	А	Б	В	Г
139	А	Б	В	Г
140	А	Б	В	Г

МАТРИЦА NO.7

141	А	Б	В	Г
142	А	Б	В	Г
143	А	Б		
144	А	Б		
145	А	Б		
146	А	Б		
147	А	Б		
148	А	Б		
149	А	Б		
150	А	Б		
151	А	Б		
152	А	Б		
153	А	Б		
154	А	Б		
155	А	Б	В	
156	А	Б	В	
157	А	Б	В	
158	А	Б	В	
159	А	Б	В	
160	А	Б	В	
161	А	Б	В	
162	А	Б	В	
163	А	Б	В	
164	А	Б	В	
165	А	Б	В	

СУБТЕСТ 2. ЧТЕНИЕ
РАБОЧАЯ МАТРИЦА

Имя, фамилия_____ Страна_____ Дата_____

1	А	Б	В
2	А	Б	В
3	А	Б	В
4	А	Б	В
5	А	Б	В
6	А	Б	В
7	А	Б	В
8	А	Б	В
9	А	Б	В
10	А	Б	В
11	А	Б	В
12	А	Б	В
13	А	Б	В
14	А	Б	В
15	А	Б	В
16	А	Б	В
17	А	Б	В
18	А	Б	В
19	А	Б	В
20	А	Б	В

СУБТЕСТ 3. АУДИРОВАНИЕ
РАБОЧАЯ МАТРИЦА

Имя, фамилия_____ Страна_____ Дата_____

1	А	Б	В
2	А	Б	В
3	А	Б	В
4	А	Б	В
5	А	Б	В
6	А	Б	В
7	А	Б	В
8	А	Б	В
9	А	Б	В
10	А	Б	В
11	А	Б	В
12	А	Б	В
13	А	Б	В
14	А	Б	В
15	А	Б	В

16	А	Б	В
17	А	Б	В
18	А	Б	В
19	А	Б	В
20	А	Б	В
21	А	Б	В
22	А	Б	В
23	А	Б	В
24	А	Б	В
25	А	Б	В
26	А	Б	В
27	А	Б	В
28	А	Б	В
29	А	Б	В
30	А	Б	В

러시아 교육문화센터
뿌쉬낀하우스
교육센터 / 문화센터 / 출판센터
Tel. 02)2237-9387 Fax. 02)2238-9388
www.pushkinhouse.co.kr